L·I·N·S·E·N

Köstliche Variationen mit
gesunden Hülsenfrüchten

Ghillie Başan

L·I·N·S·E·N

Köstliche Variationen mit
gesunden Hülsenfrüchten

tosa

INHALT

Bitte beachten Sie:

- Wenn Sie eine der angegebenen Zutaten in den üblichen Fachgeschäften nicht finden, können Sie diese im Internet oder über den Fachhandel erwerben.
- Die angegebenen Backtemperaturen gelten für Backöfen mit Ober- und Unterhitze. Wenn Sie mit Umluft backen, muss die Temperatur um 20 Grad reduziert werden (Beispiel: 180 °C Ober- und Unterhitze = 160 °C Umluft). Generell gilt, dass die Heizleistung von Backöfen trotz gleicher Temperatureinstellung variieren kann, je nach Hersteller und Modell.
- 1 TL (Teelöffel) = ca. 5 g
  1 EL (Esslöffel) = ca. 10 g
- Die Nährwertangaben unter den Rezepten beziehen sich jeweils auf eine Portion. Wenn das Rezept einen Mengenbereich angibt, z. B. für 4–6 Personen, dann gelten die Angaben für die kleinere Menge, also in unserem Beispiel für 6.

Einführung

Die kleine Hülsenfrucht mit dem großen Nährwert ist ein äußerst wertvolles und vielseitiges Lebensmittel. Sie zählt zu den gesündesten Nahrungsmitteln der Welt – und war 2016 einer der Stars des von der UN ausgerufenen „Internationalen Jahres der Hülsenfrüchte“, welches die vielen Vorteile der Linse weltweit bekannt machte.

Die Linse, botanisch *lens culinaris*, gehört ebenso wie die Erbse, die Bohne und die Kichererbse zu den Hülsenfrüchten, den essbaren getrockneten Samen von Pflanzen aus der Familie der Hülsenfrüchtler, auch Leguminosen genannt. Der Name „Linse“ geht auf die althochdeutsche Bezeichnung für die Hülsenfrucht, *linsi*, zurück und wurde später für die optische Linse übernommen, deren Form an die einer Linse erinnert.

Es wird vermutet, dass die aus Zentralasien stammenden Linsen bereits in prähistorischen Zeiten angebaut und verzehrt wurden. Sie werden auch in der biblischen Geschichte von Esau erwähnt, der sein Erstgeburtsrecht für eine Schüssel mit Linseneintopf und ein Stück Brot an seinen jüngeren Bruder Jakob weitergab. Im Laufe der Jahrhunderte verbreiteten sich die Linsen in Indien, Afrika und Europa und wurden zu einem Grundnahrungsmittel.

Unten: Linsen sind ein jahrtausendealtes Lebensmittel, das heute noch genauso beliebt ist wie damals. Sie sind gesund und in verschiedenen Sorten erhältlich, wodurch ein breites Spektrum an Zubereitungen ermöglicht wird.

Linsen gibt es in vielen Farben, Größen und Sorten, sie haben einen außergewöhnlich hohen Nährwert und sind relativ schnell und einfach zuzubereiten. Sie nehmen die Aromen anderer Lebensmittel und Gewürze gut auf und eignen sich für viele Gerichte, von würzigen Suppen und indischen Dals über kräftige Fleischcurrys bis hin zu saftigen Fischgerichten. Linsen können zum Andicken von Aufläufen, zur Ergänzung von Salaten und zur Herstellung von Bratlingen und Bällchen verwendet werden.

In diesem Buch werden zunächst die gesundheitlichen und ernährungsphysiologischen Vorteile von Linsen aufgezeigt: Sie sind fettarm und eiweißreicher als die meisten anderen Hülsenfrüchte und senken den Cholesterinspiegel. Es enthält außerdem einen Leitfaden für die verschiedenen Linsensorten, wie rote, grüne oder Puy-Linsen, sowie eine hervorragende Auswahl an Rezepten und kulinarischen Ideen aus den verschiedensten Ländern der Welt. Freuen Sie sich darauf, die unterschiedlichen Linsensorten auszuprobieren und die Gaumenfreuden zu genießen, die Ihnen dieses fabelhafte, weltweit gefeierte Superfood bietet!

Oben: Linsen sind die getrockneten Samen von Hülsenfrüchten. Sie sind in vielen Farben erhältlich, z.B. in Rot, Gelb, Braun, Schwarz, Grün und Blaugrün.

Gesundheitliche Vorteile von Linsen

Linsen sind zwar klein, aber sie sind ein echtes Superfood – und somit eine sehr wichtige Nahrungsquelle, die Ballaststoffe, Eiweiß und viele verschiedene Nährstoffe liefert.

In Anbetracht ihrer geringen Größe enthalten Linsen eine erstaunlich hohe Konzentration an Nährstoffen. Sie können den Cholesterinspiegel senken und bei der Behandlung von Blutzuckerstörungen wie Diabetes und Hypoglykämie nützlich sein, denn ihr hoher Ballaststoffgehalt versorgt den Körper gleichmäßig mit Energie und verhindert dadurch einen zu schnellen Anstieg des Blutzuckerspiegels nach dem Essen. Linsen enthalten außerdem wichtige Mineralstoffe, B-Vitamine und Protein, aber fast kein Fett. Das bedeutet, dass sie sehr sättigend sind, ohne viele Kalorien zu liefern.

Wer sich mit ballaststoffreichen Lebensmitteln wie Linsen ernährt, kann seinen Cholesterinspiegel und damit das Risiko von Herzerkrankungen senken.

Wie Bohnen und Erbsen sind Linsen reich an Ballaststoffen, sodass ihr regelmäßiger Verzehr die Funktion des Darms und des Dickdarms unterstützt und dem Reizdarmsyndrom, Divertikulose und Herzerkrankungen vorbeugen kann. Es gibt sogar Studien, die die Vermutung nahelegen, eine ballaststoffreiche Ernährung mit Hülsenfrüchten, Nüssen und Getreide könne bestimmten Krebserkrankungen entgegenwirken.

Linsen haben von allen Hülsenfrüchten den dritthöchsten Eiweißgehalt und sind somit eine hervorragende Proteinquelle für Vegetarier und Veganer.

Linsen enthalten weniger Kohlenhydrate und mehr Eiweiß als Getreide, weshalb sie besonders gut für Menschen, die sich vegetarisch oder vegan ernähren, geeignet sind. Sie versorgen den Organismus mit einer beeindruckenden Bandbreite an Nährstoffen, wie zum Beispiel Selen, Folsäure, Mangan, Zink, Phosphor und einige B-Vitamine. Außerdem enthalten Linsen Eisen, das den Sauerstoff im Körper transportiert und so die Energieversorgung und den Stoffwechsel fördert. Darüber hinaus wirkt sich ihr Magnesiumgehalt positiv auf das Herz-Kreislauf-System aus, indem er den Blut-, Sauerstoff- und Nährstofffluss im Körper verbessert.

Viele gesundheitliche Gründe sprechen dafür, dieses hervorragende Superfood in die Ernährung aufzunehmen: Linsen können dabei helfen, den Cholesterinspiegel zu senken, das Herz gesund zu halten, die Verdauung zu verbessern, den Blutzuckerspiegel zu stabilisieren, wichtige Proteine und Nährstoffe zu liefern, das Energielevel zu erhöhen, Müdigkeit zu bekämpfen und die Gewichtsabnahme zu fördern – gleichzeitig schmecken sie gut und sind eine günstige und einfache Zutat zu jeglicher Mahlzeit.

Oben: Linsen enthalten wertvolle Nährstoffe, wie Ballaststoffe, Eiweiß, Mineralien und Vitamine, sind dabei kalorienarm und enthalten fast kein Fett. Eine Tasse gekochte Linsen enthält zwar nur ca. 230 Kalorien, ist aber trotzdem sättigend. Daher eignen sie sich hervorragend zum Abnehmen, vor allem wenn sie mit anderen gesunden, frischen Lebensmitteln kombiniert werden.

Linsensorten

Linsen gibt es in einer Vielzahl von Farben und Sorten, die zum Entdecken und Experimentieren einladen. Im Grunde kann man Linsen in zwei Kategorien einteilen: rote und gelbe Linsen und die restlichen. Die roten und gelben Sorten sind schneller gar als die anderen und zerfallen beim Kochen zu einer sämigen Masse.

Rote und gelbe Linsen

Rote Linsen können tatsächlich unterschiedliche Farben aufweisen, von Rosa über Orange bis hin zu kräftigem Rot. Die vor allem in der indischen Küche unter dem Namen „Masoor Dal" bekannten Linsen sind eigentlich keine eigene Sorte, sondern geschälte braune Linsen, oft Berglinsen. Da sie bereits geschält sind, benötigen sie nur 10 bis 20 Minuten Kochzeit, bis sie zu einer sämigen Masse zerfallen. Dadurch eignen sie sich hervorragend zum Andicken von Suppen, Eintöpfen und Aufläufen. Zusammen mit Gewürzen ergeben sie ein köstliches indisches Dal. Auch gelbe Linsen sind keine eigene Sorte, sondern geschälte grüne oder braune Linsen. Sie schmecken ähnlich wie die roten Linsen und werden wie diese zubereitet und verwendet. Eine Spezialität im Nahen Osten sind gekochte rote oder gelbe Linsen, die mit Gewürzen und Gemüse zu Bällchen, sogenannten Köfte, verarbeitet werden.

Braune Linsen

Braune Linsen, deren Farbe von Hellbraun bis Schwarzbraun reicht, sind die bekanntesten und am häufigsten in Lebensmittelgeschäften erhältlichen Linsen. Es gibt sie in verschiedenen Sorten, wie z.B. Berglinsen, Beluga-Linsen oder schwarze Linsen – Letztere sind auch als „Urad Dal" oder „Linsenbohnen" bekannt und keine Linsen im eigentlichen Sinne, sondern Urdbohnen. Braune Linsen sind je nach Sorte in 30 bis 60 Minuten gar und behalten ihre Form bei. Ob die Linsen gar sind, können Sie durch Probieren testen – sie sind fertig, wenn sie ganz weich sind. Sie eignen sich gut als Zutat zu warmen Salaten, Aufläufen und Füllungen und können mit Kräutern oder Gewürzen zu einer gehaltvollen Pastete verarbeitet werden.

Grüne Linsen

Die auch als Kontinentallinsen bezeichneten Linsen sind blass oder grünbraun gesprenkelt und glänzend. Sie benötigen von allen Linsensorten die längste Kochzeit – 45 Minuten oder mehr –, bleiben aber nach dem Kochen bissfest. Sie eignen sich bestens für Suppen, Aufläufe und gefülltes Gemüse.

Puy-Linsen

Die kleinen, dunkelgrünen, marmorierten Linsen wachsen in der Auvergne in Zentralfrankreich und sind nach der Stadt Le Puy-en-Velay benannt. Sie gelten als besonders edle Sorte. Nach 20 bis 30 Minuten Garzeit sind sie noch bissfest und behalten ihre Form. Puy-Linsen sind eine köstliche Ergänzung zu warmen Salaten und schmecken auch sehr gut in Wein geschmort und mit Kräutern aromatisiert.

Chana Dal – halbierte Kichererbsen

Diese halbierten, geschälten Hülsenfrüchte, auch als „Split Bengal Gram" bekannt, sind in der indischen Küche äußerst beliebt und werden dort oft als gelbe Linsen bezeichnet, obwohl es sich eigentlich um Kichererbsen handelt. Bei einer Garzeit von 20 bis 30 Minuten sind sie nahrhaft und fettarm und eine gute Eiweißquelle für Vegetarier und Veganer.

Mung Dal – halbierte Mungobohnen

Auch diese vor allem in der indischen Küche beliebten Hülsenfrüchte sind keine echten Linsen, obwohl sie häufig so bezeichnet werden: Es handelt sich dabei um Mungobohnen, bei denen die äußere Haut entfernt wurde. Während die ganzen Bohnen klein, rund und grün sind, sind sie nach dem Entfernen der Schalen gelb. Halbierte Mungobohnen werden schnell gar und weich. Sie haben einen milden Geschmack und können zusammen mit Reis gekocht oder in Suppen, Eintöpfen und Currys verwendet werden.

Rote Linsen eignen sich zum Andicken von Suppen, Eintöpfen und Aufläufen und sind eine wichtige Zutat für das indische Dal. Sie benötigen weniger Kochzeit als andere Linsensorten.

Gelbe Linsen sind den roten sehr ähnlich und werden auf die gleiche Weise gekocht.

Braune Linsen sind die am häufigsten erhältliche Sorte, sie behalten nach dem Kochen ihre Form.

Schwarze Beluga-Linsen sind die dunkelste Sorte unter den braunen Linsen.

Grüne Linsen haben einen kräftigen Geschmack und behalten beim Kochen ihre Form.

Puy-Linsen stammen aus Frankreich und schmecken nussig.

Halbierte, geschälte Kichererbsen (Chana Dal) werden in der indischen Küche häufig für herzhafte Hauptgerichte verwendet.

Halbierte Mungobohnen (Mung Dal) werden wie gelbe Linsen verwendet.

Linsen kochen

Die kleinen Hülsenfrüchte sind äußerst vielseitig, einfach zu kochen und die meisten Sorten müssen vor der Verwendung nicht eingeweicht werden. Durch ihre unterschiedlichen Konsistenzen eignen sie sich als Zutat in einer Vielfalt von Gerichten.

Linsen sind auch in frischem Zustand hart und werden daher immer getrocknet verkauft. Im Gegensatz zu den meisten anderen Hülsenfrüchten müssen sie nicht eingeweicht werden, es sei denn, es handelt sich um große Sorten, wie z. B. die Tellerlinse. Beim Kochen müssen sie nicht die gesamte Flüssigkeit aufsaugen und können ähnlich wie Nudeln behandelt werden.

Linsen sind die ideale Zutat für sämige Dals, cremige Suppen, Salate, klassische nahöstliche Gerichte, Eintöpfe, Aufläufe und Currys. All diesen Speisen verleihen sie neben ihrem typisch nussigen Geschmack auch die gewünschte Konsistenz. Sie können sogar für Süßspeisen, wie z. B. cremigen Linsenpudding, verwendet werden. Wichtig ist, dass Sie während des Garens immer wieder probieren, ob sie die richtige Konsistenz besitzen: Für Suppen und Eintöpfe sollten die Linsen weicher und für Salate fester sein.

Wenn Sie Linsen in einem Eintopf mitkochen, müssen Sie sie rechtzeitig hineingeben, damit sie durchgaren können.

WIE MAN ROTE UND GELBE LINSEN KOCHT

Rote und gelbe Linsen bekommen beim Kochen eine weiche Konsistenz und zerfallen schließlich zu einem dicken Brei.

1. 250 g rote oder gelbe Linsen in ein Sieb geben und unter fließendem, kaltem Wasser gründlich abspülen. Abtropfen lassen und eventuell vorhandene kleine Steinchen oder Körnchen entfernen.

2. Die abgetropften Linsen in einen Topf geben. Mit 600 ml Wasser bedecken und zum Kochen bringen. Während des Kochens dehnen sich die Linsen auf das Zwei- bis Dreifache ihrer Größe aus.

3. 20–30 Minuten köcheln lassen, dabei gelegentlich umrühren, bis das Wasser aufgesogen ist und die Linsen weich und cremig sind. Erst nach dem Kochen salzen, sonst werden die Linsen nicht richtig weich.

WIE MAN BRAUNE, GRÜNE UND PUY-LINSEN KOCHT

Braune, grüne und Puy-Linsen fallen beim Kochen nicht auseinander. Testen Sie während des Kochens immer wieder die Konsistenz und kochen Sie sie so lange weiter, bis sie weich sind.

1. 250 g braune, grüne oder Puy-Linsen in ein Sieb geben und gründlich unter fließendem, kaltem Wasser abspülen. Abtropfen lassen, verlesen und die Linsen in einen Topf geben.
2. Mit Wasser bedecken und zum Kochen bringen. Puy-Linsen 20–30 Minuten, braune oder grüne Linsen 35–45 Minuten oder länger köcheln lassen und falls nötig Wasser nachgießen.
3. Die Linsen in ein Sieb abgießen und mit Salz und frisch gemahlenem, schwarzem Pfeffer würzen. Gekochte Linsen können im Kühlschrank ungefähr eine Woche aufbewahrt werden.

Da Linsen die Aromen von mitgekochten Gewürzen aufnehmen, sollten Sie die entsprechenden Gewürze bereits in die Kochflüssigkeit geben. Hier werden Paprikapulver, gemahlener Koriander und Kurkuma zu Puy-Linsen in Hühnerbrühe hinzugefügt.

AUFBEWAHRUNG GETROCKNETER LINSEN

Ein großer Vorteil von Linsen ist ihre lange Haltbarkeit – vorausgesetzt, sie werden in trockenen, kühlen und luftdichten Behältern aufbewahrt, die vor Sonnenlicht geschützt sind. Im Allgemeinen können Linsen bis zu 2 Jahre aufbewahrt werden. Es kann zwar sein, dass die Farbe verblasst, doch beeinträchtigt dies nicht den Geschmack. Dennoch ist es besser, getrocknete Linsen so frisch wie möglich zu essen, da sie mit der Zeit zäh werden und länger gekocht werden müssen. Auch Linsen in Dosen sind lange haltbar und außerdem praktisch, da hier keine Einweich- und Kochzeit erforderlich ist. Allerdings sind viele der Meinung, dass Dosenlinsen geschmacklich nicht an getrocknete Linsen heranreichen.

LINSENSUPPEN

Linsen sind eine wesentliche Zutat in vielen klassischen Suppenrezepten. In diesem Kapitel finden Sie zahlreiche inspirierende Ideen für einfache Gemüsesuppen, leichte Suppen zum Abendessen und herzhafte Suppen mit Fleisch.

Linseneintopf

Diese traditionelle jüdische Suppe ist auch als „Esaus Linsengericht" bekannt. Rote Linsen und Gemüse werden gekocht, püriert und dann mit spritziger Zitrone abgeschmeckt. An heißen Tagen schmeckt diese Suppe auch kalt – servieren Sie sie dann mit zusätzlichem Zitronensaft.

FÜR 4 PERSONEN

3 EL Olivenöl
1 Zwiebel, gehackt
2 Stangen Sellerie, gehackt
1–2 Karotten, in Scheiben geschnitten
8 Knoblauchzehen, gehackt
1 Kartoffel, gewürfelt
250 g rote Linsen
1 l Gemüsebrühe
2 Lorbeerblätter
1–2 unbehandelte Zitronen, halbiert
½ TL gemahlener Kreuzkümmel
Cayennepfeffer oder Chilisoße
schwarzer Pfeffer, frisch gemahlen
Salz
Zitronenscheiben und einige Blättchen glatte Petersilie

1. Das Öl in einem großen Topf erhitzen. Die Zwiebel hinzugeben und ca. 5 Minuten dünsten. Den Sellerie, die Karotten, die Hälfte des Knoblauchs und die Kartoffel hinzugeben und einige Minuten andünsten, bis sie beginnen weich zu werden.

2. Die Linsen und die Brühe in den Topf geben und zum Kochen bringen. Die Hitze reduzieren und zugedeckt ca. 30 Minuten köcheln lassen, bis die Kartoffelwürfel weich sind.

3. Die Lorbeerblätter, den restlichen Knoblauch und die Hälfte der Zitronen in den Topf geben und die Suppe weitere 10 Minuten kochen. Den Saft der restlichen Zitronen auspressen. Die Lorbeerblätter entfernen und die Suppe mit dem Zitronensaft abschmecken.

4. Die Suppe in einen Mixer geben und zu einer glatten Masse verarbeiten. Dies muss – je nach Größe des Mixers – eventuell portionsweise geschehen. Alternativ können Sie auch einen Pürierstab verwenden. Die Suppe zurück in den Topf gießen, den Kreuzkümmel und nach Belieben Cayennepfeffer oder Chilisoße einrühren und mit Salz und Pfeffer abschmecken.

5. Die Suppe in Schüsseln füllen und jede Portion mit Zitronenscheiben und einigen Blättchen frischer glatter Petersilie garnieren.

Energie 308 kcal/1297 kJ; Protein 14,8 g; Kohlenhydrate 44 g – davon Zucker 4,9 g; Fett 9,3 g – davon gesättigt 1,4 g; Cholesterin 0 mg; Kalzium 48 mg; Ballaststoffe 4,3 g; Natrium 42 mg

Ländliche Linsensuppe

Das Geheimnis einer guten Linsensuppe besteht darin, gutes Olivenöl großzügig zu verwenden. Servieren Sie dieses Gericht als Hauptmahlzeit und reichen Sie dazu Oliven, Brot und Käse.

FÜR 4 PERSONEN

275 g braune oder grüne Linsen
150 ml natives Olivenöl extra
1 Zwiebel, in dünne Streifen geschnitten
2 Knoblauchzehen, in dünne Scheiben geschnitten
1 Karotte, in dünne Scheiben geschnitten
400 g gehackte Tomaten, aus der Dose
1 EL Tomatenmark
½ TL getrockneter Oregano
schwarzer Pfeffer, frisch gemahlen
Salz
2 EL grob zerkleinerte frische Kräuter

1. Die Linsen abspülen, abtropfen lassen und in einem großen Topf mit kaltem Wasser bedecken. Zum Kochen bringen und 3–4 Minuten köcheln lassen. Durch ein Sieb abgießen, die Flüssigkeit wegschütten und die Linsen beiseitestellen.

2. Den Topf auswischen, das Olivenöl darin erhitzen, die Zwiebel hinzufügen und glasig dünsten. Den Knoblauch unterrühren und sobald er aromatisch duftet, die Linsen dazugeben. Die Karotte, die Tomaten, das Tomatenmark und den Oregano hinzufügen. 1 Liter heißes Wasser einrühren und alles mit etwas Pfeffer abschmecken.

3. Zum Kochen bringen, dann die Hitze reduzieren und zugedeckt 20–30 Minuten sanft kochen, bis die Linsen weich sind, aber noch nicht zerfallen. Die Suppe vor dem Servieren mit Salz würzen und die gehackten Kräuter darüberstreuen.

Energie 463 kcal/1937 kJ; Protein 17,9 g; Kohlenhydrate 40,4 g – davon Zucker 7,2 g; Fett 26,7 g – davon gesättigt 3,9 g; Cholesterin 0 mg; Kalzium 67 mg; Ballaststoffe 8 g; Natrium 33 mg

Würzige Linsensuppe

Ihre wunderbar weiche Konsistenz erhält diese cremige Suppe durch die Verwendung von roten Linsen und Kokosmilch. Die raffinierte Gewürzmischung verleiht dem wärmenden Gericht eine ganz besondere Note.

FÜR 6 PERSONEN

2 Zwiebeln, fein gehackt
2 Knoblauchzehen, zerdrückt
4 Tomaten, grob gehackt
½ TL gemahlene Kurkuma
1 TL gemahlener Kreuzkümmel
6 Kardamomkapseln
½ Zimtstange
225 g rote Linsen
400 ml Kokosmilch
1 EL frischer Limettensaft
schwarzer Pfeffer, frisch gemahlen
Salz
Kreuzkümmelsamen

1. Die Zwiebeln, den Knoblauch, die Tomaten, die Kurkuma, den Kreuzkümmel, die Kardamomkapseln, den Zimt und die Linsen in einen Topf mit 900 ml Wasser geben. Zum Kochen bringen, dann die Hitze reduzieren und zugedeckt 20 Minuten köcheln lassen, bis die Linsen weich sind.

2. Die Kardamomkapseln und die Zimtstange herausnehmen und die Suppe in einem Mixer oder mit einem Pürierstab pürieren. Anschließend durch ein Sieb streichen und wieder in den Topf geben.

3. Ein wenig von der Kokosmilch zum Garnieren zurückbehalten und den Rest zusammen mit dem Limettensaft in den Topf geben. Gut umrühren und mit Salz und Pfeffer abschmecken. Die Suppe vorsichtig wieder erwärmen, aber nicht kochen. Die restliche Kokosmilch einrühren, mit Kreuzkümmelsamen bestreuen und servieren.

Energie 235 kcal/991 kJ; Protein 13 g; Kohlenhydrate 28,4 g – davon Zucker 3,7 g; Fett 8,8 g – davon gesättigt 2,2 g; Cholesterin 0 mg; Kalzium 66 mg; Ballaststoffe 2,9 g; Natrium 40 mg

Linsensuppe mit Nudeln

Zarte braune Linsen und kleine Nudeln ergeben zusammen ein rustikales vegetarisches Gericht, voller Geschmack und wohltuender Wärme. Braune Linsen eignen sich gut für dieses Rezept, weil sie nach dem Kochen ihre Form behalten und in Kombination mit Nudeln der Suppe ihren Biss verleihen. Diese Suppe ist eine herzhafte und wärmende Mahlzeit für den Winter und schmeckt besonders gut mit frischem Körnerbrot oder knusprigem Ciabatta.

FÜR 4–6 PERSONEN

175 g braune Linsen
3 Knoblauchzehen, ungeschält
2 EL Butter
3 EL Olivenöl
1 Zwiebel, fein gehackt
2 Stangen Sellerie, fein gehackt
2 EL sonnengetrocknetes Tomatenmark
1,75 l Gemüsebrühe
einige frische Majoranblättchen
einige frische Basilikumblättchen
Blättchen von 1 frischen Thymianzweig
50 g kleine Nudeln, z. B. kurze Makkaroni oder Tubetti
schwarzer Pfeffer, frisch gemahlen
Salz
frische Kräuterblättchen

1. Die Linsen in einen großen Topf geben. Eine der Knoblauchzehen ungeschält mit der Klinge eines großen Messers zerdrücken und den Linsen hinzufügen. 1 Liter Wasser dazugießen, zum Kochen bringen und ca. 20 Minuten köcheln lassen, bis die Linsen weich sind. Die Linsen in einem Sieb abtropfen lassen, den Knoblauch entfernen und beiseitestellen. Die Linsen unter fließendem, kaltem Wasser abspülen und abtropfen lassen.

2. Die Hälfte der Butter mit 2 Esslöffeln Öl im Topf erhitzen. Die Zwiebel und den Sellerie hinzufügen und 5 Minuten anbraten.

3. Den restlichen sowie den beiseitegestellten Knoblauch schälen und zerdrücken. Mit dem restlichen Öl, dem Tomatenmark und den Linsen in den Topf geben. Dann die Brühe, die Kräuter sowie Salz und Pfeffer unterrühren. Zum Kochen bringen und unter gelegentlichem Rühren 30 Minuten köcheln lassen.

4. Die Nudeln dazugeben und die Suppe unter Rühren erneut zum Kochen bringen. Die Hitze reduzieren und so lange köcheln lassen, bis die Nudeln bissfest sind. Die restliche Butter in den Topf geben und rühren, bis sie geschmolzen ist. Die Suppe abschmecken, noch heiß in vorgewärmte Schalen füllen und mit frischen Kräuterblättchen bestreut servieren.

Energie 179 kcal/753 kJ; Protein 8,4 g; Kohlenhydrate 24,2 g – davon Zucker 2,3 g; Fett 6,1 g – davon gesättigt 0,9 g; Cholesterin 0 mg; Kalzium 25 mg; Ballaststoffe 2,1 g; Natrium 29 mg

Grüne-Linsen-Suppe mit Kreuzkümmel

Dieses farbenfrohe Gericht ist ein Küchenklassiker aus dem östlichen Mittelmeerraum. Anstatt der hier verwendeten grünen Linsen können Sie die Suppe ebenso gut mit roten Linsen oder Puy-Linsen zubereiten.

FÜR 6 PERSONEN

225 g grüne Linsen
1 ½ EL Olivenöl
3 Zwiebeln, fein gehackt
2 Knoblauchzehen, in dünne Scheiben geschnitten
2 TL gemahlener Kreuzkümmel
¼ TL gemahlene Kurkuma
600 ml Hühner- oder Gemüsebrühe
2 EL frischer Koriander, grob gehackt
schwarzer Pfeffer, frisch gemahlen
Salz

1. Die Linsen in einen Topf geben, mit kaltem Wasser bedecken und bei hoher Hitze 10 Minuten kochen. Abgießen und beiseitestellen.

2. In einer antihaftbeschichteten Pfanne 1 Esslöffel Öl erhitzen und zwei Drittel der Zwiebeln mit dem Knoblauch, dem Kreuzkümmel und der Kurkuma 3 Minuten unter Rühren anbraten. Die Mischung zusammen mit den Linsen, der Brühe und 600 ml Wasser in einen großen Topf geben und zum Kochen bringen. Dann die Hitze reduzieren und zugedeckt 30 Minuten köcheln lassen, bis die Linsen weich sind.

3. In der Zwischenzeit in einer antihaftbeschichteten Pfanne das restliche Drittel der Zwiebeln im restlichen Öl goldgelb braten. Die Pfanne vom Herd nehmen und beiseitestellen.

4. Mit einem Kartoffelstampfer die Linsen leicht zerdrücken, sodass die Suppe breiig wird. Nochmals leicht erwärmen und mit Salz und Pfeffer abschmecken. Die Suppe in vorgewärmte Schüsseln füllen. Den gehackten Koriander unter die gebratenen Zwiebeln mischen und die Suppe damit bestreuen.

Energie 163 kcal/688 kJ; Protein 9,7 g; Kohlenhydrate 25,2 g – davon Zucker 3,8 g; Fett 3,3 g – davon gesättigt 0,5 g; Cholesterin 0 mg; Kalzium 42 mg; Ballaststoffe 2,8 g; Natrium 17 mg

Linsensuppe mit geschmorten Bohnen und Weizen

Obwohl Linsen normalerweise nicht eingeweicht werden müssen, ist es wichtig, dass Sie die Hülsenfrüchte und den Weizen am Vortag ins Wasser legen – dann lässt sich diese Suppe ganz einfach zubereiten.

FÜR 4 PERSONEN

200 g gemischte Bohnen und Linsen
2 EL Weizenkörner
150 ml natives Olivenöl extra
1 große Zwiebel, fein gehackt
2 Knoblauchzehen, zerdrückt
5–6 frische Salbeiblätter, gehackt
Saft einer Zitrone
3 Frühlingszwiebeln, in dünne Ringe geschnitten
4–5 EL frischer Dill, gehackt
schwarzer Pfeffer, frisch gemahlen
Salz

Energie 442 kcal/1844 kJ; Protein 14,1 g; Kohlenhydrate 39,2 g – davon Zucker 5,9 g; Fett 26,5 g – davon gesättigt 3,7 g; Cholesterin 0 mg; Kalzium 76 mg; Ballaststoffe 4,7 g; Natrium 27 mg

1. Die Bohnen, die Linsen und den Weizen in eine große Schüssel geben und mit kaltem Wasser bedeckt über Nacht einweichen lassen.

2. Am nächsten Tag in ein Sieb abgießen und unter fließendem, kaltem Wasser abspülen. Die Mischung in einen großen Topf geben, mit kaltem Wasser bedecken und ca. 1 ½ Stunden kochen, bis alle Zutaten weich sind. Durch ein Sieb abgießen und dabei 475 ml der Kochflüssigkeit auffangen. Die Mischung wieder in den Topf geben.

3. Das Öl in einer Pfanne erhitzen und die Zwiebel darin goldgelb anbraten. Den Knoblauch und den Salbei hinzufügen. Sobald der Knoblauch aromatisch duftet, die Mischung unter die Bohnen, die Linsen und den Weizen rühren.

4. Die aufgefangene Kochflüssigkeit einrühren, gut würzen und ca. 15 Minuten köcheln lassen, bis alles kochend heiß ist. Dann den Zitronensaft unterrühren, die Suppe in Schalen füllen und mit Frühlingszwiebeln und Dill bestreut servieren.

Linsen-Kichererbsen-Suppe mit Fenchel-Honig-Brötchen

Man vermutet, dass diese dicke Suppe aus Hülsenfrüchten und Gemüse ihren Ursprung in einem Grießbrei hat, den die marokkanischen Berber früher im Atlasgebirge zubereiteten, um sich zu wärmen.

FÜR 8 PERSONEN

200 g getrocknete Kichererbsen
200 g getrocknete Favabohnen
175 g braune Linsen
2–3 EL Olivenöl
2 Zwiebeln, halbiert und in Scheiben geschnitten
½ TL gemahlener Ingwer
½ TL gemahlene Kurkuma
1 TL gemahlener Zimt
1 Prise Safranfäden
800 g Tomaten, aus der Dose
1–2 TL feiner Streuzucker
1,75 l Fleisch- oder Gemüsebrühe
1 Bund frischer Koriander, gehackt
1 Bund frische glatte Petersilie, gehackt
schwarzer Pfeffer, frisch gemahlen
Salz

Für die Brötchen

½ TL Trockenhefe
300 g Weizenmehl
1–2 EL klarer Honig
1 TL Fenchelsamen
250 ml Milch
1 Eigelb, mit etwas Milch verrührt
Salz

Energie 288 kcal/1222 kJ; Protein 14 g; Kohlenhydrate 50,4 g – davon Zucker 7 g; Fett 4,8 g – davon gesättigt 0,9 g; Cholesterin 1 mg; Kalzium 137 mg; Ballaststoffe 5,8 g; Natrium 36 mg

1. Die Kichererbsen und die Bohnen über Nacht einweichen. Am nächsten Tag weich kochen und abgießen. Die Linsen verlesen und unter kaltem Wasser abspülen.

2. Für die Fenchel-Honig-Brötchen die Hefe in 1 Esslöffel lauwarmem Wasser auflösen. Das Mehl mit einer Prise Salz in eine Schüssel sieben. In die Mitte eine Vertiefung drücken und die aufgelöste Hefe, den Honig und die Fenchelsamen hineingeben. Nach und nach die Milch dazugießen und alles zu einem Teig verarbeiten. Sollte der Teig zu klebrig sein, noch etwas Mehl hinzufügen.

3. Den Teig auf eine bemehlte Arbeitsfläche geben und ca. 10 Minuten gut durchkneten, bis er glatt und elastisch ist. Eine Schüssel innen mit Mehl bestäuben, den Teig hineinlegen und mit einem feuchten Tuch abdecken. Den Teig gehen lassen, bis er sich verdoppelt hat.

4. Den Backofen auf 230 °C vorheizen. Zwei Backbleche einfetten und den Teig in 12 Kugeln teilen. Auf einer bemehlten Arbeitsfläche die Teigkugeln mit der Handfläche flachdrücken und auf die Backbleche legen. Die Brötchen mit dem Eigelb bestreichen und ca. 15 Minuten backen, bis sie leicht aufgegangen sind und beim Klopfen auf die Unterseite hohl klingen. Zum Abkühlen auf einen Gitterrost legen.

5. Für die Suppe das Olivenöl in einem großen Topf erhitzen. Die Zwiebeln hinzugeben und ca. 10 Minuten unter Rühren braten, bis sie weich sind.

6. Die Gewürze, die Tomaten und ein wenig Zucker hinzugeben. Die Linsen einrühren und mit der Brühe aufgießen. Alles zum Kochen bringen, dann die Hitze reduzieren und zugedeckt ca. 25 Minuten köcheln lassen, bis die Linsen weich sind.

7. Die gekochten Kichererbsen und Bohnen untermischen, erneut zum Kochen bringen und weitere 10–15 Minuten zugedeckt köcheln lassen. Die frischen Kräuter einrühren, mit Salz und Pfeffer abschmecken und zusammen mit den Honigbrötchen servieren.

Cremige Rote-Linsen-Suppe mit Kreuzkümmel

Diese pürierte Suppe ist überraschend einfach in der Zubereitung. Die roten Linsen werden mit nur einem Gewürz, nämlich Kreuzkümmel, aromatisiert und schmecken angenehm erfrischend.

FÜR 4 PERSONEN

225 g rote Linsen
2 EL Olivenöl
40 g Butter
2 TL Kreuzkümmelsamen
2 Zwiebeln, gehackt
1 l Hühnerbrühe
1–2 TL gemahlener Kreuzkümmel
schwarzer Pfeffer, frisch gemahlen
Salz
4 EL griechischer Joghurt
evtl. 1 Zitrone, in Spalten geschnitten

Energie 235 kcal/991 kJ; Protein 13 g; Kohlenhydrate 28,4 g – davon Zucker 3,7 g; Fett 8,9 g – davon gesättigt 2,2 g; Cholesterin 0 mg; Kalzium 66 mg; Ballaststoffe 2,9 g; Natrium 40 mg

1. Die Linsen abspülen und abtropfen lassen. Das Öl und die Butter in einem großen, schweren Topf erhitzen und die Kreuzkümmelsamen einrühren. Unter Rühren so lange rösten, bis sie ein nussiges Aroma verströmen. Die Zwiebeln hinzugeben, goldbraun anbraten und dann die Linsen unterrühren.

2. Die Brühe dazugießen und zum Kochen bringen. Die Hitze reduzieren und zugedeckt ca. 30 Minuten köcheln lassen, bei Bedarf Wasser nachgießen. Die Mischung in einem Mixer oder mit dem Pürierstab zu einem cremigen Püree verarbeiten.

3. Die Suppe zurück in den Topf geben, erneut erhitzen und mit Salz und Pfeffer abschmecken. In Schüsseln füllen, mit etwas gemahlenem Kreuzkümmel bestreuen und jeweils einen Löffel Joghurt dazugeben. Nach Belieben mit Zitronenspalten zum Auspressen servieren.

Rote-Linsen-Suppe mit Zwiebeln und Petersilie

In der Türkei werden Linsensuppen wie diese dezent gewürzt und als Vorspeise oder Imbiss serviert. Die Linsen nehmen den feinen Geschmack der Kräuter und Gewürze sehr gut an.

FÜR 4–6 PERSONEN

2–3 EL Oliven- oder Sonnenblumenöl
1 große Zwiebel, fein gehackt
2 Knoblauchzehen, fein gehackt
1 frische rote Chilischote, entkernt und fein gehackt
1–2 TL Kreuzkümmelsamen
1–2 TL Koriandersamen
1 Karotte, fein gehackt
1 TL Bockshornklee
1 TL Zucker
1 EL Tomatenmark
250 g rote Linsen
1,75 l Hühnerbrühe
schwarzer Pfeffer, frisch gemahlen
Salz
1 kleine rote Zwiebel, fein gehackt
1 großes Bund frische glatte Petersilie, fein gehackt
4–6 Zitronenspalten

1. Das Öl in einem großen Topf erhitzen und die Zwiebel, den Knoblauch, den Chili, den Kreuzkümmel und die Koriandersamen darin goldbraun anrösten. Dann die Karotte dazugeben und 2–3 Minuten mitbraten. Den Bockshornklee, den Zucker und das Tomatenmark hinzufügen und die Linsen unterrühren.

2. Mit der Brühe aufgießen, gut umrühren und aufkochen lassen. Die Hitze reduzieren und zugedeckt 30–40 Minuten köcheln lassen, bis die Linsen zerfallen sind. Wenn die Suppe zu dick ist, mit etwas Wasser verdünnen. Wer eine cremige Konsistenz bevorzugt, kann die Suppe auch pürieren. Zum Schluss mit Salz und Pfeffer abschmecken.

3. Die Suppe in Schüsseln füllen, großzügig mit der gehackten roten Zwiebel und der Petersilie bestreuen und mit jeweils einer Zitronenspalte servieren.

Energie 203 kcal/856 kJ; Protein 11,1 g; Kohlenhydrate 31,8 g – davon Zucker 7,3 g; Fett 4,4 g – davon gesättigt 0,6 g; Cholesterin 0 mg; Kalzium 45 mg; Ballaststoffe 3,5 g; Natrium 26 mg

Hühnersuppe mit Lauch, Puy-Linsen und Thymian

Diese Hühnersuppe mit Linsen geht auf ein altes schottisches Rezept zurück, in dem ursprünglich Reis oder Gerste verwendet wurde. Diese Variante erhält durch die Zugabe von blaugrünen Puy-Linsen ein erdiges Aroma. Die Linsen behalten nach dem Kochen ihre Form und ihren Biss und sorgen so für eine angenehme Konsistenz.

FÜR 4 PERSONEN

2 Stangen Lauch, in 5 cm lange Julienne-Streifen geschnitten
115 g Puy-Linsen
1 Lorbeerblatt
einige Zweige frischer Thymian
2 Hühnerbrüste, ohne Haut und Knochen
900 ml Hühnerbrühe
8 Trockenpflaumen, in Streifen geschnitten
schwarzer Pfeffer, frisch gemahlen
Salz
frische Thymianzweige

Energie 144 kcal/614 kJ; Protein 10,8 g; Kohlenhydrate 24,2 g – davon Zucker 9,9 g; Fett 1,2 g – davon gesättigt 0,2 g; Cholesterin 5 mg; Kalzium 50 mg; Ballaststoffe 7,7 g; Natrium 12 mg

1. In einem kleinen Topf Salzwasser zum Kochen bringen und die Lauchstreifen darin 1–2 Minuten kochen. In ein Sieb abgießen und unter fließendem, kaltem Wasser abschrecken. Abtropfen lassen und beiseitestellen.

2. Die Linsen verlesen, mit dem Lorbeerblatt und dem Thymian in einen Topf geben und mit kaltem Wasser bedecken. Zum Kochen bringen und 25–30 Minuten garen, bis sie weich sind. In ein Sieb abgießen und unter kaltem Wasser abschrecken.

3. Die Hühnerbrüste in einen Topf legen und so viel von der Brühe darübergießen, dass sie bedeckt sind. Zum Kochen bringen und 15–20 Minuten sanft pochieren, bis sie weich sind. Das Fleisch mit einem Schaumlöffel herausnehmen und abkühlen lassen.

4. Die abgekühlten Hühnerbrüste in Streifen schneiden, zurück in die Brühe geben und die Linsen sowie die restliche Brühe hinzufügen. Kurz aufkochen lassen und mit Salz und Pfeffer abschmecken.

5. Den Lauch und die Pflaumen auf vier vorgewärmte Schüsseln verteilen und mit der heißen Suppe auffüllen. Jede Portion mit frischem Thymian garnieren und sofort servieren.

TIPP

Um feine und gleichmäßige Julienne-Streifen zu erhalten, schneiden Sie den Lauch in 5 cm lange Stücke. Jedes Stück der Länge nach halbieren, dann mit der Schnittfläche nach unten legen und in dünne Streifen schneiden.

Marokkanische Linsensuppe mit Lammfleisch

Diese traditionelle Suppe, in Marokko als „Harira“ bekannt, eignet sich gut als leichtes Abendessen. Im Gegensatz zu den grünen Linsen müssen die Kichererbsen über Nacht eingeweicht werden.

FÜR 6 PERSONEN

75 g Kichererbsen, über Nacht eingeweicht
1 EL Butter
225 g Lammschulter, in Würfel geschnitten
1 Zwiebel, gehackt
450 g gehackte Tomaten, aus der Dose
einige Sellerieblätter, gehackt
2 EL frische Petersilie, gehackt
1 EL frischer Koriander, gehackt
½ TL gemahlener Ingwer
½ TL gemahlene Kurkuma
1 TL gemahlener Zimt
75 g grüne Linsen
75 g Suppennudeln
2 Eigelb
Saft einer halben Zitrone
schwarzer Pfeffer, frisch gemahlen
Salz
frische Korianderblättchen
Zitronenspalten

1. Die eingeweichten Kichererbsen abgießen, unter kaltem Wasser abspülen und beiseitestellen. Die Butter in einem großen Schmortopf schmelzen und das Lammfleisch zusammen mit der Zwiebel unter Rühren 2–3 Minuten anbraten.

2. Die Tomaten, die Sellerieblätter, die Kräuter und die Gewürze hinzufügen, kräftig mit Pfeffer würzen und ca. 1 Minute kochen lassen. Dann 1,75 Liter Wasser einrühren und die Linsen und die Kichererbsen dazugeben.

3. Langsam zum Kochen bringen, dabei den Schaum, der sich an der Oberfläche bildet, abschöpfen. Bei hoher Hitze 10 Minuten kochen, dann die Hitze reduzieren und ca. 2 Stunden sanft köcheln lassen, bis die Kichererbsen weich sind. Mit Salz und eventuell etwas mehr Pfeffer würzen.

4. Die Suppennudeln hinzufügen und 5–6 Minuten kochen, bis sie bissfest sind. Falls die Suppe zu dick ist, etwas mehr Wasser hineingeben.

5. Die Eigelbe mit dem Zitronensaft verquirlen und in die heiße Suppe rühren. Den Topf sofort vom Herd nehmen und solange weiterrühren, bis die Suppe eindickt. In vorgewärmte Servierschalen füllen, mit frischem Koriander garnieren und mit Zitronenspalten servieren.

TIPP

Wenn Sie vergessen haben, die Kichererbsen über Nacht einzuweichen, geben Sie sie in einen Topf mit der vierfachen Menge an kaltem Wasser. Zum Kochen bringen, abdecken und vom Herd nehmen. Die Kichererbsen 45 Minuten ruhen lassen, dann abgießen.

Energie 242 kcal/1016 kJ; Protein 16 g; Kohlenhydrate 25 g – davon Zucker 3 g; Fett 9 g – davon gesättigt 4 g; Cholesterin 101 mg; Kalzium 44 mg; Ballaststoffe 2 g; Natrium 88 mg

Mediterrane Linsensuppe mit Wurst und Pesto

Die sättigende Suppe aus dem Mittelmeerraum ist eine unwiderstehliche Kombination aus rotem Linsenpüree mit dünnen Wurstscheiben: Die cremige Linsen-Tomaten-Mischung bietet die perfekte Kulisse für die frittierte Wurst und die knusprigen Basilikumblätter. Das aromatische Gericht schmeckt sowohl mit klassischem Pesto Genovese als auch mit rotem Pesto aus sonnengetrockneten Tomaten.

FÜR 4 PERSONEN

2 EL Olivenöl
1 rote Zwiebel, gehackt
450 g geräucherte Schweinswürstchen
225 g rote Linsen
400 g gehackte Tomaten, aus der Dose
Öl zum Frittieren
schwarzer Pfeffer, frisch gemahlen
Salz
4 EL Pesto
Basilikumblätter

1. In einem großen Topf 1 Esslöffel Olivenöl erhitzen und die Zwiebel darin glasig dünsten. Ein Schweinswürstchen beiseitelegen, die anderen grob zerkleinern und in den Topf geben. Unter Rühren ca. 5 Minuten braten, bis sie gar sind. Herausnehmen und beiseitestellen.

2. Die Linsen, die Tomaten und 1 Liter Wasser in den Topf geben und zum Kochen bringen. Bei niedriger Hitze zugedeckt ca. 20 Minuten köcheln. Die Suppe etwas abkühlen lassen, dann in einem Mixer oder mit dem Pürierstab pürieren und zusammen mit den gebratenen Schweinswürstchen wieder in den Topf zurückgeben.

3. Das beiseitegelegte Schweinswürstchen in 1 Esslöffel Olivenöl in einer kleinen Pfanne unter häufigem Wenden 10 Minuten braten, bis es leicht gebräunt und fest ist. Auf einem Schneidebrett etwas abkühlen lassen und dann in dünne Scheiben schneiden.

4. Das Öl zum Frittieren so lange erhitzen, bis sich um den Holzstiel eines hineingehaltenen Kochlöffels Bläschen bilden. Vorsicht: Lassen Sie das heiße Öl nicht unbeaufsichtigt! Die Wurstscheiben und die Basilikumblätter knusprig frittieren. Beides mit einer Schöpfkelle aus dem Öl heben und auf Küchenpapier abtropfen lassen.

5. Die Suppe erneut erhitzen, mit Pfeffer und Salz würzen und in vorgewärmte Suppenschalen füllen. Jeweils mit den frittierten Wurstscheiben und dem Basilikum bestreuen und etwas Pesto darübergeben. Mit warmem, knusprigem Brot servieren.

Energie 656 kcal/2741 kJ; Protein 30,9 g; Kohlenhydrate 46,7 g – davon Zucker 8,2 g; Fett 39,7 g – davon gesättigt 13,1 g; Cholesterin 75 mg; Kalzium 250 mg; Ballaststoffe 4,8 g; Natrium 1109 mg

Linsensuppe mit Tomaten und Speck

Die grünen oder braunen Linsen nehmen den Geschmack der Lorbeerblätter und des Rosmarins an und verleihen dieser klassischen, rustikalen italienischen Suppe eine wunderbare Konsistenz.

1. Die Linsen in eine Schüssel geben und mit kaltem Wasser bedecken. Nach 2 Stunden Einweichzeit abspülen und gut abtropfen lassen.

2. Das Öl in einem Topf erhitzen. Die Speckwürfel darin ca. 3 Minuten anbraten, dann die Zwiebel zugeben und weitere 5 Minuten mitbraten. Den Sellerie, die Karotten, den Rosmarin, die Lorbeerblätter und die Linsen einrühren und 1 Minute bei schwacher Hitze schwenken.

3. Die Tomaten und die Brühe hinzufügen und zum Kochen bringen. Den Topf abdecken und die Suppe bei geringer Hitze unter gelegentlichem Rühren ca. 1 Stunde köcheln lassen, bis die Linsen weich sind.

4. Die Lorbeerblätter herausnehmen und die Suppe mit Salz und Pfeffer abschmecken. Mit frischen Lorbeerblättern und Rosmarinzweigen garniert servieren.

FÜR 4 PERSONEN

225 g grüne oder braune Linsen
2 EL natives Olivenöl extra
2 Scheiben Rückenspeck ohne Schwarte, in kleine Würfel geschnitten
1 Zwiebel, fein gehackt
2 Stangen Sellerie, fein gehackt
2 Karotten, fein gewürfelt
2 frische Rosmarinzweige, fein gehackt
2 getrocknete Lorbeerblätter
400 g Eiertomaten, aus der Dose, gehackt
1,75 l Gemüsebrühe
schwarzer Pfeffer, frisch gemahlen
Salz
frische Lorbeerblätter und Rosmarinzweige

Energie 256 kcal/1083 kJ; Protein 16,6 g; Kohlenhydrate 39,1 g – davon Zucker 8,2 g; Fett 4,8 g – davon gesättigt 1,3 g; Cholesterin 7 mg; Kalzium 56 mg; Ballaststoffe 5 g; Natrium 241 mg

Suppe mit roten Linsen, gelben Erbsen und Speck

Die roten Linsen geben dieser traditionellen ungarischen Suppe ihren süßlich-nussigen Geschmack. In Kombination mit den gehaltvollen gelben Erbsen wird sie zu einer schmackhaften, eiweißreichen Mahlzeit.

FÜR 6 PERSONEN

50 g geräucherter Bauchspeck, in Würfel geschnitten
1 Zwiebel, fein gehackt
115 g rote Linsen
150 g getrocknete gelbe Erbsen
1 TL edelsüßes Paprikapulver
½ TL gemahlener Kreuzkümmel
1,5 l Hühnerbrühe
8 Stängel frische Petersilie, fein gehackt
schwarzer Pfeffer, frisch gemahlen
Salz

GUT FÜR DIE GESUNDHEIT

Sowohl Linsen als auch Speck sind sehr eiweißreich, sodass sie zusammen der Mahlzeit einen besonders hohen Proteingehalt verleihen.

TIPP

Sehr lange gelagerte Linsen können zwar noch verwendet werden, brauchen aber eine längere Kochzeit. Deshalb sollten Sie neu gekaufte Linsen nicht mit alten vermischen.

1. Die Speckwürfel in einer großen Pfanne auslassen und unter Rühren 2–3 Minuten glasig braten. Die Zwiebel hinzufügen und bei schwacher Hitze 3 Minuten weiterbraten.

2. Die Linsen und die Erbsen hinzufügen und gut umrühren. Nach Geschmack mit Salz und Pfeffer würzen, Paprika und Kreuzkümmel hinzufügen und dann die Brühe unterrühren.

3. Bei mittlerer Hitze 1 Stunde köcheln lassen. Vor dem Servieren mit der gehackten Petersilie bestreuen. Dazu passt frisches Roggenbrot.

Energie 179 kcal/757 kJ; Protein 12 g; Kohlenhydrate 28 g – davon Zucker 2 g; Fett 3 g – davon gesättigt 1 g; Cholesterin 5 mg; Kalzium 31 mg; Ballaststoffe 5,1 g; Natrium 581 mg

Würzige Rote-Linsen-Suppe mit Eisbein und Petersiliencreme

Diese gehaltvolle Linsensuppe ist von den Dals der indischen Küche beeinflusst. Sie wird mit einer Petersiliencreme verfeinert und von knusprig gebratenen Schalotten und geräuchertem Eisbein gekrönt.

FÜR 6 PERSONEN

1 TL Kreuzkümmelsamen
½ TL Koriandersamen
1 TL gemahlene Kurkuma
2 EL Olivenöl
1 Zwiebel, gehackt
2 Knoblauchzehen, gehackt
1 geräuchertes Eisbein
1,2 l Gemüsebrühe
275 g rote Linsen
400 g gehackte Tomaten, aus der Dose
1 EL Pflanzenöl
3 Schalotten, in feine Scheiben geschnitten

Für die Petersiliencreme

3 EL frische Petersilie, gehackt
150 g griechischer Joghurt
schwarzer Pfeffer, frisch gemahlen
Salz

1. Eine Pfanne erhitzen und die Kreuzkümmel- und Koriandersamen darin einige Sekunden lang bei starker Hitze rösten, bis sie aromatisch duften. Dabei die Pfanne leicht schütteln. Die gerösteten Samen in einem Mörser mit dem Stößel zerstoßen. Die Kurkuma untermischen, dann beiseitestellen.

2. Das Olivenöl in einem großen Topf erhitzen. Die Zwiebel und den Knoblauch hinzufügen und 4–5 Minuten anbraten. Die gerösteten Gewürze dazugeben und 2 Minuten unter ständigem Rühren mitbraten.

3. Das Eisbein in den Topf geben und mit der Brühe aufgießen. Zum Kochen bringen und abgedeckt 30 Minuten sanft köcheln lassen.

4. Die roten Linsen hinzufügen und 20 Minuten kochen, bis die Linsen und das Eisbein weich sind. Die gehackten Tomaten unterrühren und weitere 5 Minuten kochen.

5. Das Eisbein aus dem Topf nehmen und beiseitestellen, bis es abgekühlt ist. Die Suppe ebenfalls etwas abkühlen lassen, dann mit dem Pürierstab cremig pürieren. Dann die Suppe zurück in den Topf geben. Das Eisbein vom Knochen schneiden, das Fett und die Schwarte entfernen, das Fleisch in die Suppe rühren und wieder erhitzen.

6. Das Pflanzenöl in einer Pfanne erhitzen und die Schalotten darin 10 Minuten braten, bis sie knusprig und goldgelb sind. Mit einem Schaumlöffel herausnehmen und auf Küchenpapier abtropfen lassen.

7. Für die Petersiliencreme die gehackte Petersilie mit dem Joghurt verrühren und mit Pfeffer und Salz würzen. Die Suppe in Schalen füllen und mit einem Klecks Petersiliencreme sowie einigen gebratenen Schalotten servieren.

Energie 235 kcal/991 kJ; Protein 13 g; Kohlenhydrate 28,4 g – davon Zucker 3,7 g; Fett 8,9 g – davon gesättigt 2,2 g; Cholesterin 0 mg; Kalzium 66 mg; Ballaststoffe 2,9 g; Natrium 40 mg

Linsen-Cappuccino mit Hummer und Estragon

In diesem köstlichen Rezept vereinen sich erstklassige Puy-Linsen mit saftigem Hummer und cremigem Rahm. Das Geheimnis hinter dem raffinierten Cappuccino-Effekt ist die langsame Zugabe von eiskalter Butter, wodurch der schöne Schaum erzeugt wird.

1. Die Linsen abspülen und abtropfen lassen, dann in einen Topf geben und mit kaltem Wasser bedecken. Das Gemüse, den Knoblauch, das Lorbeerblatt und den Estragon hinzufügen, zum Kochen bringen und alles 20 Minuten köcheln lassen.

2. Die Linsen abgießen und das Gemüse, das Lorbeerblatt und die Kräuter entsorgen. Die Linsen in einem Mixer oder mit dem Pürierstab pürieren, bis sie cremig sind, und dann beiseitestellen.

3. Die Scheren des Hummers abbrechen, aufknacken und das Fleisch herausnehmen. Den Schwanz abbrechen, auftrennen und auch hier das Fleisch herausnehmen. Das gesamte Hummerfleisch in mundgerechte Stücke schneiden.

4. Den Fischfond in einen großen Topf gießen und zum Kochen bringen. Die pürierten Linsen und die Crème double vorsichtig unterrühren, aber nicht zu sehr mischen, da sonst der Cappuccino-Effekt nicht erreicht wird. Die Mischung sollte teilweise noch recht wässrig sein. Mit Pfeffer und Salz würzen.

5. Die Suppe nun entweder mit einem Stabmixer oder mit einem Handrührgerät aufschlagen und dabei die eiskalte Butter stückchenweise hinzufügen, bis sie sehr schaumig ist.

6. Das Hummerfleisch auf Suppenschalen verteilen und die Suppe vorsichtig darübergießen. Mit Estragonzweigen garnieren und sofort servieren.

FÜR 6 PERSONEN

150 g Puy-Linsen
1 Karotte, halbiert
1 Stange Sellerie, halbiert
1 kleine Zwiebel, halbiert
1 Knoblauchzehe, fein gehackt
1 Lorbeerblatt
1 großes Bund frischer Estragon, fest zusammengebunden
450–675 g gekochter Hummer
1 l Fischfond
120 g Crème double
2 EL eiskalte Butter, in Würfel geschnitten
schwarzer Pfeffer, frisch gemahlen
Salz
frische Estragonzweige

Energie 241 kcal/1005 kJ; Protein 13 g; Kohlenhydrate 14 g – davon Zucker 2 g; Fett 15 g – davon gesättigt 9 g; Cholesterin 66 mg; Kalzium 51 mg; Ballaststoffe 0 g; Natrium 325 mg

DALS

Die cremigen und geschmacksintensiven Dals sind gesund und einfach zuzubereiten. Sie bestehen in der Regel aus Linsen, die mit Ghee und Gewürzen zu einem sämigen Eintopf verkocht werden. Ghee ist eine Art Butterschmalz und fester Bestandteil der indischen Küche. Alternativ kann ebensogut Pflanzenöl oder Butter verwendet werden.

Cremiges Dal mit schwarzen Linsen

In diesem traditionellen indischen Rezept werden schwarze Linsen verwendet. Diese auch als „Urad Dal" bekannten Hülsenfrüchte sind eigentlich keine Linsen, sondern Urdbohnen, die man auch „Linsenbohnen" nennt. Zusammen mit roten Linsen und Crème double werden sie zu einem üppigen Dal verarbeitet, das durch Zugabe von Ingwer, Chili, Kurkuma, Kreuzkümmel und Knoblauch seinen klassischen Geschmack erhält.

1. Schwarze und rote Linsen abspülen, abtropfen lassen und in einem großen Topf mit Wasser bedeckt zum Kochen bringen. Die Hitze reduzieren, den Topf abdecken und 35–45 Minuten köcheln lassen, bis sie weich sind. Mit einem Löffel zerdrücken, dann abkühlen lassen.

2. In einer Schüssel die Crème double, den Joghurt und die Maisstärke vermischen und unter die Linsen in der Pfanne rühren.

3. 1 Esslöffel Ghee oder Öl in einem Wok oder einer gusseisernen Pfanne erhitzen und die Zwiebel, den Ingwer, zwei grüne Chilis und die Tomate darin unter Rühren anbraten. Die Gewürze und Salz hinzufügen und weitere 2 Minuten braten. Unter die Linsen mischen, kurz erhitzen, in eine hitzebeständige Schüssel geben und warmhalten.

4. Das restliche Ghee oder Öl in einer Pfanne auf kleiner Flamme erhitzen und die Knoblauchscheiben und die restlichen grünen Chilischoten anbraten, bis der Knoblauch goldbraun ist. Alles kurz vor dem Servieren über die Linsen gießen und untermischen. Mit Korianderzweigen und in Scheiben geschnittenen roten Chilischoten garnieren und die zusätzliche Crème double dazu servieren.

FÜR 4–6 PERSONEN

175 g schwarze Linsen (Urad Dal)
50 g rote Linsen
120 g Crème double
120 g griechischer Joghurt
1 TL Maisstärke
3 EL Ghee oder Pflanzenöl
1 Zwiebel, fein gehackt
5 cm frische Ingwerwurzel, gerieben
4 frische grüne Chilis, entkernt und gehackt
1 Tomate, gehackt
½ TL Chilipulver
½ TL gemahlene Kurkuma
½ TL gemahlener Kreuzkümmel
2 Knoblauchzehen, in Scheiben geschnitten
Salz
frische Korianderblättchen
fein geschnittene, frische rote Chilischoten
nach Belieben zusätzliche Crème double

Energie 309 kcal/1289 kJ; Protein 11 g; Kohlenhydrate 26,2 g – davon Zucker 3,8 g; Fett 18,6 g – gesättigt 10,1 g; Cholesterin 28 mg; Kalzium 77 mg; Ballaststoffe 2,2 g; Natrium 38 mg

Cremiges Dal mit roten Linsen

Dieses Dal lässt sich einfach zubereiten, da es nur drei Zutaten und einige Gewürze enthält. Dennoch ist es eine wohlschmeckende und sättigende winterliche Mahlzeit, die durch den Joghurt ein herrlich volles Aroma erhält.

FÜR 4 PERSONEN

1 EL Sonnenblumenöl
150 g rote Linsen
1 EL scharfe Currypaste
schwarzer Pfeffer, frisch gemahlen
Salz
frische Korianderblättchen
griechischer Joghurt

1. Das Öl in einem großen Topf erhitzen und die Linsen hinzufügen. Unter ständigem Rühren 1–2 Minuten braten, dann die Currypaste und 600 ml kochendes Wasser einrühren.

2. Alles zum Kochen bringen, dann die Hitze reduzieren. Den Topf abdecken und das Dal 15 Minuten unter gelegentlichem Rühren köcheln lassen, bis die Linsen weich sind und die Mischung eingedickt ist.

3. Das Dal kräftig mit Salz und Pfeffer würzen und noch heiß mit frischem Koriander und einem Klecks Joghurt servieren.

Energie 153 kcal/646 kJ; Protein 9,1 g; Kohlenhydrate 21,4 g – davon Zucker 1 g; Fett 4 g – davon gesättigt 0,4 g; Cholesterin 0 mg; Kalzium 25 mg; Ballaststoffe 2,5 g; Natrium 71 mg

Pakistanisches Tadka Dal

Dal wird in pakistanischen Haushalten täglich als Beilage zu den meisten Mahlzeiten serviert. Diese einfache und zugleich vielseitige Version ist ein Klassiker: Sie besteht aus zwei Linsensorten, die mit Gewürzen gekocht und dann cremig püriert werden. Über das Linsenpüree wird dann ein „Tadka" gegeben, das durch das Braten von Zwiebeln und Gewürzen in Ghee oder Pflanzenöl entsteht und dem fertigen Gericht sowohl Geschmack als auch Konsistenz verleiht.

FÜR 4 PERSONEN

115 g halbierte Kichererbsen (Chana Dal)
225 g rote Linsen
1 TL frischer Ingwer, gerieben
1 TL Knoblauch, zerdrückt
1 ½ TL Chilipulver
¼ TL gemahlene Kurkuma
1 ½ TL Salz
1 TL gemahlener Koriander
1 TL Garam Masala (indische Gewürzmischung)
2 EL Zitronensaft

Für das Tadka

2 EL Ghee oder Pflanzenöl
1 Zwiebel, in Würfel geschnitten
½ TL Kreuzkümmelsamen
1 EL frische Korianderblättchen

1. Beide Linsensorten in eine große Schüssel mit kaltem Wasser geben, dann in einem Sieb abtropfen lassen, noch einmal gut abspülen und erneut abtropfen lassen.

2. Die Linsen in einem großen Topf mit 750 ml Wasser, dem Ingwer, dem Knoblauch, dem Chilipulver und der Kurkuma zum Kochen bringen. Bei mittlerer Hitze ca. 25 Minuten kochen, bis sie weich sind. Einen Löffel in den Topf stellen, damit nichts überkocht.

3. Vom Herd nehmen, mit einem Schöpflöffel die Hälfte der Linsen in einen Mixer geben und zu einem Brei verarbeiten.

4. Den Linsenbrei zurück in den Topf schütten und mit der anderen Hälfte der gekochten Linsen vermischen. Das Salz, den gemahlenen Koriander, das Garam Masala und den Zitronensaft hinzufügen. Gut mischen und in eine Servierschüssel füllen.

5. Für das Tadka das Ghee oder Pflanzenöl in einer Pfanne bei mittlerer Hitze erhitzen. Die Zwiebel und den Kreuzkümmel hinzugeben und ca. 10 Minuten braten, bis sie goldbraun sind. Das Tadka über das Dal gießen und mit frischem Koriander garniert servieren.

Energie 338 kcal/1428 kJ; Protein 21,1 g; Kohlenhydrate 51,8 g – davon Zucker 4,9 g; Fett 7 g – davon gesättigt 0,9 g; Cholesterin 0 mg; Kalzium 148 mg; Ballaststoffe 6,5 g; Natrium 34 mg

Schwarze-Linsen-Dal mit Kidneybohnen

In diesem typischen Rezept aus der indischen Provinz Punjab verbinden sich schwarze Linsen und Butter zu einem üppigen Dal. Besonders appetitlich sieht es aus, wenn man vor dem Servieren etwas Sahne darübergießt. Dazu passt sehr gut gekochter Reis oder indisches Fladenbrot.

FÜR 4 PERSONEN

350 g schwarze Linsen (Urad Dal)
115 g Butter
4 EL Pflanzenöl
2 mittelgroße Zwiebeln, fein gehackt
2 TL Knoblauch, zerdrückt
2 TL frischer Ingwer, gerieben
2 ½ TL Chilipulver
½ TL gemahlene Kurkuma
2 TL gemahlener Koriander
1 ½–2 TL Salz
2 TL Garam Masala (indische Gewürzmischung)
2 mittelgroße Tomaten, in Scheiben geschnitten
200 g rote Kidneybohnen, aus der Dose, abgetropft
3–4 EL süße Sahne
je eine frische grüne und rote Chilischote, entkernt und gehackt
1 EL frischer Koriander, gehackt
2,5 cm frische Ingwerwurzel, in Scheiben geschnitten
1 EL Zitronensaft
eine Prise Garam Masala
gekochter Reis oder Fladenbrot

1. Die schwarzen Linsen in einem Sieb abspülen, in eine Schüssel geben und mit kaltem Wasser bedecken. Über Nacht einweichen lassen, um die Kochzeit zu verkürzen.

2. Die Butter mit dem Öl in einem großen Topf erhitzen, die Zwiebeln dazugeben und ca. 10 Minuten braten, bis sie goldbraun sind.

3. Den Knoblauch, den Ingwer, das Chilipulver, die Kurkuma, den gemahlenen Koriander, das Salz, das Garam Masala und die Tomaten hinzufügen und alles gut mischen.

4. Die eingeweichten Linsen abtropfen lassen und zusammen mit den abgetropften Kidneybohnen dazugeben. Umrühren und 5–7 Minuten kochen lassen.

5. Mit 1 Liter Wasser aufgießen und 20–25 Minuten bei mittlerer Hitze kochen, bis das Dal etwas eingedickt ist.

6. Nach Geschmack nachwürzen und in eine Servierschüssel füllen. Mit der Sahne, den gehackten Chilischoten, dem Koriander und den Ingwerscheiben garnieren und mit einer Prise Garam Masala bestreuen. Zum Schluss mit Zitronensaft beträufeln und mit gekochtem Reis oder Fladenbrot servieren.

Energie 665 kcal/2782 kJ; Protein 26,7 g; Kohlenhydrate 60,8 g – davon Zucker 9,8 g; Fett 37,1 g – davon gesättigt 16,6 g; Cholesterin 61 mg; Kalzium 223 mg; Ballaststoffe 16,9 g; Natrium 388 mg

Dal aus Linsen und Mungobohnen mit Senf und Kreuzkümmel

In Indien sind die meisten Menschen Vegetarier – dort ist dieses klassische Dal nicht nur eine schmackhafte und sättigende Mahlzeit, sondern es enthält auch alle für eine gesunde Ernährung erforderlichen Nährstoffe. Jede Region verwendet eine eigene, unverwechselbare Kombination von Gewürzen: In diesem Rezept sind es Senfkörner und Kreuzkümmelsamen.

1. Die Linsen und die halbierten Mungobohnen in einem Sieb unter kaltem Wasser gründlich waschen und abtropfen lassen. Zusammen mit der Kurkuma und 1 Liter Wasser in einen Topf geben.

2. Zum Kochen bringen, 3–5 Minuten kochen lassen und den eventuell entstehenden Schaum abschöpfen. Die Hitze reduzieren, den Topf abdecken und 30–35 Minuten köcheln lassen. Während des Kochens ein- oder zweimal umrühren. Am Ende der Kochzeit das Salz unterrühren.

3. Das Ghee oder die Butter mit dem Öl in einer Pfanne bei mittlerer Hitze erhitzen, bis es fast raucht. Die Herdplatte ausschalten und die Senf- und Kreuzkümmelsamen sowie die Chilischoten und die Lorbeerblätter hinzufügen. Alles leicht anrösten, dann die Herdplatte wieder auf mittlere Stufe stellen.

4. Die Zwiebel hinzufügen und goldbraun braten. Die gerösteten Gewürze zu den Linsen und Mungobohnen geben und gut miteinander vermischen. Den gehackten Koriander unterrühren und das Dal mit Fladenbrot oder gekochtem Reis servieren.

FÜR 4 PERSONEN

115 g rote Linsen
115 g halbierte Mungobohnen (Mung Dal)
½ TL gemahlene Kurkuma
1 TL Salz
2 EL Ghee oder ungesalzene Butter
2 EL Sonnenblumenöl
½ TL Senfkörner
½ TL Kreuzkümmelsamen
2 getrocknete rote Chilischoten
2 Lorbeerblätter
1 kleine Zwiebel, fein gehackt
2 EL frischer Koriander, fein gehackt
Vollkornfladenbrot oder gekochter Reis

TIPP
Fügen Sie während der Kochzeit kein Salz hinzu, da die Linsen sonst nicht richtig weich werden.

Energie 263 kcal/1110 kJ; Protein 15,2 g; Kohlenhydrate 36,6 g – davon Zucker 2,2 g; Fett 7,4 g – davon gesättigt 1 g; Cholesterin 0 mg; Kalzium 49 mg; Ballaststoffe 3 g; Natrium 24 mg

Linsen-Dal mit Knoblauchpüree und körniger Gewürzmischung

Dieses würzige Dal ist eine stärkende und wohltuende Mahlzeit, vor allem wenn es mit Reis oder indischem Brot und gewürztem Blumenkohl oder Kartoffeln serviert wird. Die gelben Linsen zerfallen beim Kochen zu einem wunderbar cremigen Püree.

FÜR 4 PERSONEN

3 EL Ghee oder Butter
1 Zwiebel, gehackt
2 frische grüne Chilischoten, entkernt und gehackt
1 EL frischer Ingwer, gehackt
225 g gelbe Linsen
3 EL geröstetes Knoblauchpüree (siehe Tipp)
1 TL gemahlener Kreuzkümmel
1 TL gemahlener Koriander
200 g Tomaten, gewürfelt
etwas Zitronensaft
schwarzer Pfeffer, frisch gemahlen
Salz
frischer Koriander
gebratene Zwiebel- und Knoblauchscheiben

Für die Gewürzmischung

2 EL Erdnussöl
4–5 Schalotten, gewürfelt
2 Knoblauchzehen, in feine Scheiben geschnitten
1 EL Ghee oder Butter
1 TL Kreuzkümmelsamen
1 TL Senfkörner
3–4 kleine, getrocknete rote Chilischoten
8–10 frische Curryblätter

Energie 234 kcal/979 kJ; Protein 9,5 g; Kohlenhydrate 23,8 g – davon Zucker 3,1 g; Fett 11,8 g – davon gesättigt 5,3 g; Cholesterin 20 mg; Kalzium 28 mg; Ballaststoffe 2,5 g; Natrium 73 mg

1. Das Ghee oder die Butter in einem großen Topf zerlassen und die Zwiebel, die Chilischoten und den Ingwer 10 Minuten goldgelb anbraten.

2. Die Linsen und 900 ml Wasser dazugeben und alles zum Kochen bringen. Den Topf abdecken und bei niedriger Hitze unter gelegentlichem Umrühren 50–60 Minuten köcheln lassen, bis die Masse dicklich wird.

3. Das geröstete Knoblauchpüree, den Kreuzkümmel und den Koriander unterrühren und mit Pfeffer und Salz würzen. Weitere 10–15 Minuten zugedeckt kochen, dabei öfter umrühren. Die Tomaten untermischen und alles mit etwas Zitronensaft abschmecken.

4. Für die Gewürzmischung das Öl in einer kleinen, schweren Pfanne erhitzen. Die Schalotten hinzufügen und bei mittlerer Hitze unter gelegentlichem Rühren braten, bis sie knusprig sind. Den Knoblauch dazugeben und unter häufigem Rühren so lange braten, bis er leicht Farbe annimmt. Die Mischung aus der Pfanne nehmen und beiseitestellen.

5. Das Ghee oder die Butter in derselben Pfanne schmelzen. Die Kreuzkümmelsamen und die Senfkörner darin braten, bis die Senfkörner aufplatzen. Die Chilischoten, die Curryblätter und die Schalotten-Knoblauch-Mischung unterrühren und alles sofort unter das heiße Dal mischen. Mit frischem Koriander und gebratenen Zwiebel- und Knoblauchscheiben garniert servieren.

TIPP

Für das Knoblauchpüree 10 ganze Knoblauchzehen in Folie im Ofen rösten, dann schälen und zusammen mit 2 Esslöffeln Olivenöl pürieren.

Tomaten-Linsen-Dal mit Mandeln

Gewürze, Kokosmilch und Tomaten verleihen diesem sättigenden und schmackhaften Gericht sein besonderes Aroma. Rote Linsen geben ihm zudem eine intensive Farbe – als Beilage braucht man nur noch warmes Naan-Brot und Naturjoghurt.

1. Das Öl in einem großen Topf erhitzen. Die Zwiebel 5 Minuten anbraten, bis sie weich ist. Den Knoblauch, die Karotte, den Kreuzkümmel, die Senfkörner und den Ingwer hinzufügen. Unter Rühren 5 Minuten braten, bis die Samen aufplatzen und die Karotte weich wird. Die Kurkuma, das Chilipulver und das Garam Masala untermischen und 1 Minute braten. Dabei umrühren, damit die Gewürze nicht anbrennen.

2. Die Linsen, 400 ml Wasser, die Kokosmilch und die Tomaten hinzufügen, mit Pfeffer und Salz würzen und zum Kochen bringen. Die Hitze reduzieren und abgedeckt ca. 45 Minuten köcheln lassen, dabei gelegentlich umrühren, damit die Linsen nicht am Topfboden festkleben.

3. Den Limettensaft und 3 Esslöffel frischen Koriander unterrühren und abschmecken. Weitere 15 Minuten kochen, bis die Linsen weich sind. Mit dem restlichen Koriander und den gerösteten Mandelblättchen bestreut servieren.

FÜR 4 PERSONEN

2 EL Pflanzenöl
1 große Zwiebel, fein gehackt
3 Knoblauchzehen, gehackt
1 Karotte, gewürfelt
2 TL Kreuzkümmelsamen
2 TL gelbe Senfkörner
2,5 cm frische Ingwerwurzel, gerieben
2 TL gemahlene Kurkuma
1 TL mildes Chilipulver
1 TL Garam Masala (indische Gewürzmischung)
225 g rote Linsen
400 ml Kokosmilch
5 Tomaten, geschält, entkernt und gehackt
Saft von 2 Limetten
4 EL frischer Koriander, gehackt
schwarzer Pfeffer, frisch gemahlen
Salz
25 g geröstete Mandelblättchen

Energie 360 kcal/1516 kJ; Protein 17 g; Kohlenhydrate 48 g – davon Zucker 15 g; Fett 13 g – davon gesättigt 2 g; Cholesterin 0 mg; Kalzium 103 mg; Ballaststoffe 10 g; Natrium 148 mg

Dal mit Kokosmilch und Tadka

Dieses köstliche indische Gericht aus cremigen roten Linsen mit einem würzigen Tadka-Topping lässt jedes Genießerherz höher schlagen! Tadka ist eine Mischung aus Gewürzen und Aromen, die in heißem Ghee oder Pflanzenöl gebraten und dann sofort über das Dal gegossen wird.

FÜR 4 PERSONEN

50 g Butter
2 TL schwarze Senfkörner
1 Zwiebel, fein gehackt
2 Knoblauchzehen, fein gehackt
1 TL gemahlene Kurkuma
1 TL gemahlener Kreuzkümmel
2 frische grüne Chilischoten, entkernt und fein gehackt
225 g rote Linsen
300 ml Kokosmilch
frische Korianderblättchen

Für das Tadka

2 EL Ghee oder Pflanzenöl
2 TL schwarze Senfkörner
½ TL Asant
ca. 8 frische oder getrocknete Curryblätter

Energie 356 kcal/1493 kJ; Protein 14,5 g; Kohlenhydrate 39,4 g – davon Zucker 7,9 g; Fett 17 g – davon gesättigt 7,5 g; Cholesterin 27 mg; Kalzium 127 mg; Ballaststoffe 4,6 g; Natrium 181 mg

1. Die Butter in einem großen Topf schmelzen und die Senfkörner hinzufügen. Wenn sie anfangen zu springen, die Zwiebel und den Knoblauch dazugeben und 5–10 Minuten braten. Die Kurkuma, den Kreuzkümmel und die Chilis unterrühren und 2 Minuten weiterbraten.

2. Die Linsen, 1 Liter Wasser und die Kokosmilch unterrühren. Alles zum Kochen bringen, zugedeckt 40 Minuten köcheln lassen und falls nötig mehr Wasser hinzufügen.

3. Für das Tadka das Ghee oder Pflanzenöl in einer großen Pfanne erhitzen. Die Senfkörner hinzufügen und die Pfanne abdecken, da die Körner beim Aufplatzen springen. Die Pfanne vom Herd nehmen, das Asant und die Curryblätter hinzufügen und umrühren. Das Tadka sofort über das Dal gießen. Mit Korianderblättchen garniert servieren.

Dal mit Ingwer und Kokosmilch

Dieses Dal aus braunen Linsen kann einfach mit einer Schüssel Joghurt gegessen werden oder aber Bestandteil einer größeren Mahlzeit sein. Testen Sie während des Kochens immer wieder die Konsistenz der Linsen – sie sollten weich sein und dabei ihre Form behalten. Bei Bedarf können Sie mehr Wasser oder Kokosmilch hinzufügen.

FÜR 4 PERSONEN

- 2 EL Ghee oder 1 EL Pflanzenöl und 1 EL Butter
- 1 Zwiebel, gehackt
- 4 Knoblauchzehen, gehackt
- 2 frische rote Chilischoten, entkernt und gehackt
- 50 g frischer Ingwer, gehackt
- 2 TL Zucker
- 1 ½ TL Kreuzkümmelsamen
- 1 TL gemahlene Kurkuma
- 1 EL Garam Masala (indische Gewürzmischung)
- 225 g braune Linsen
- 600 ml Kokosmilch
- Salz
- Joghurt oder Curry, Reis und Chutney

Zum Garnieren

- 2 TL Senfkörner
- eine kleine Handvoll getrocknete Curryblätter
- 1–2 getrocknete rote Chilischoten
- 1 EL Ghee oder Butter

1. Das Ghee oder das Öl und die Butter in einem großen, schweren Topf erhitzen. Die Zwiebel, den Knoblauch, die Chilischoten und den Ingwer darin so lange braten, bis sie duften und Farbe annehmen. Den Zucker, den Kreuzkümmel, die Kurkuma und das Garam Masala hinzufügen, dabei darauf achten, dass die Gewürze nicht verbrennen. Die Linsen abspülen, abtropfen lassen und mit den Gewürzen und dem Ghee vermischen. Mit 600 ml Wasser aufgießen, gut umrühren und zum Kochen bringen. Bei niedriger Temperatur 35–40 Minuten leicht köcheln lassen, bis die Mischung dicklich ist.

2. Die Kokosmilch unterrühren und weitere 30 Minuten köcheln lassen, bis das Dal breiig ist und bei Bedarf mehr Wasser oder Kokosmilch hinzufügen. Mit Salz abschmecken.

3. Die Senfkörner in einer kleinen Pfanne erhitzen, bis sie zu springen beginnen. Dann die Curryblätter und die Chilischoten hinzufügen. Wenn die Chilischoten anfangen, dunkel zu werden, das Ghee oder die Butter einrühren und schmelzen lassen. Die Mischung mit einem Löffel auf dem Dal verteilen oder untermischen. Entweder mit Joghurt oder mit einem Curry, Reis und Chutney servieren.

Energie 322 kcal/1358 kJ; Protein 14 g; Kohlenhydrate 41,3 g – davon Zucker 10,6 g; Fett 12,4 g – davon gesättigt 5,7 g; Cholesterin 0 mg; Kalzium 77 mg; Ballaststoffe 3 g; Natrium 186 mg

Dal mit Chili, Kokosmilch und Spinat

Aromatische rote Linsen verbinden sich mit dunkelgrünem Spinat und üppiger Kokosmilch zu einem einfachen, aber umwerfenden indischen Dal, das auch „Dali Ambat" genannt wird. Die Konsistenz ist köstlich-cremig, die Farbe leuchtend und die vielen Proteine und Ballaststoffe der Linsen machen es zu einem sättigenden vegetarischen Hauptgericht – vor allem, wenn Sie es mit gekochtem Basmatireis servieren.

1. Die Linsen in einem Sieb abspülen und abtropfen lassen. In einem Topf mit 750 ml Wasser bei hoher Temperatur zum Kochen bringen.

2. Zugedeckt 8–9 Minuten kochen, dann auf niedriger Stufe weitere 25–30 Minuten köcheln lassen, bis die Linsen weich sind. Den Spinat und die Kurkuma hinzugeben, zudecken und 10–12 Minuten köcheln lassen.

3. In der Zwischenzeit 1 Esslöffel Öl in einer Pfanne langsam erhitzen und die Chilischoten und die Bockshornkleesamen darin leicht anbraten, bis sie ein wenig dunkler sind. Sie dürfen nicht verbrennen, sonst schmecken sie bitter.

4. Die Pfanne vom Herd nehmen, die Gewürzmischung abkühlen lassen und dann in einem Mörser zusammen mit dem Öl zu einer glatten Paste zerstoßen.

5. Die Gewürzpaste und die Kokosmilch zu den Linsen geben, den Tamarindensaft hinzufügen, gut umrühren und alles 5–7 Minuten köcheln lassen. Vom Herd nehmen und warmhalten.

6. In einer anderen Pfanne das restliche Öl erhitzen und die Zwiebel darin 8–10 Minuten braten, bis sie bräunt. Die Zwiebel unter die Linsen rühren und servieren.

FÜR 4 PERSONEN

200 g rote Linsen
250 g Spinat, gehackt (frisch oder tiefgekühlt und aufgetaut)
1 TL gemahlene Kurkuma
3 EL Sonnenblumenöl oder mildes Olivenöl
2 getrocknete rote Chilischoten, gehackt
½ TL Bockshornkleesamen
200 ml Kokosmilch
2 EL Tamarindensaft
1 kleine Zwiebel, fein gehackt

Energie 319 kcal/1342 kJ; Protein 15 g; Kohlenhydrate 39 g – davon Zucker 11 g; Fett 13 g – davon gesättigt 2 g; Cholesterin 0 mg; Kalzium 166 mg; Ballaststoffe 8,1 g; Natrium 163 mg

Würziges Dal mit Mungobohnen und Weizenbällchen

Dieses köstlich gewürzte Dal wird mit Bällchen aus Vollkornweizen serviert, die in Indien als „Baatis" bekannt sind. Um den typischen, indischen Geschmack zu erzielen, eignet sich Ghee am besten – ersatzweise kann aber auch Butter, Sonnenblumenöl oder Olivenöl verwendet werden.

FÜR 4 PERSONEN

150 g ganze Mungobohnen
75 g halbierte Kichererbsen (Chana Dal)
1 TL Salz
2 EL Ghee oder ungesalzene Butter
1 mittelgroße Zwiebel, fein gehackt
2 TL frischer Ingwer, gerieben
2 TL Knoblauch, zerdrückt
½ TL gemahlene Kurkuma
½–1 TL Chilipulver
1 TL gemahlener Koriander
1 TL gemahlener Kreuzkümmel
½ TL Garam Masala
Saft von 1 Limette
2 EL frische Korianderblättchen, gehackt

Für die Weizenbällchen

300 g Weizenvollkornmehl
50 g Weizengrieß
½ TL Backpulver
½ TL Salz
4 EL Ghee oder ungesalzene Butter, geschmolzen
75 g Naturjoghurt
Öl, zum Braten

Energie 820 kcal/3439 kJ; Protein 27,6 g; Kohlenhydrate 101,3 g – davon Zucker 10 g; Fett 36,8 g – davon gesättigt 11,1 g; Cholesterin 2 mg; Kalzium 136 mg; Ballaststoffe 11,2 g; Natrium 300 mg

1. Für die Weizenbällchen das Mehl, den Grieß, das Backpulver und das Salz in einer großen Schüssel vermischen. Das geschmolzene Ghee oder die Butter und den Joghurt miteinander verrühren und zum Mehl geben. Mit den Fingern vermischen, nach und nach 150 ml Wasser hinzufügen und so lange kneten, bis ein Teig entstanden ist. Den Teig auf eine Arbeitsfläche geben und kneten, bis er nicht mehr klebrig ist. Mit einem feuchten Tuch abdecken und 30 Minuten ruhen lassen.

2. Den Backofen auf 190 °C vorheizen. Den Teig zu murmelgroßen Kugeln formen. So viel Öl in eine hohe Pfanne geben, dass der Boden etwa 5 mm hoch bedeckt ist, erhitzen und die Bällchen hineinlegen. Die Pfanne schütteln, um die Bällchen mit Fett zu überziehen. Auf der mittleren Backofenschiene ca. 20 Minuten knusprig backen, dabei mindestens zweimal wenden, damit die Bällchen rundum bräunen.

3. Für das Dal die Mungobohnen und die halbierten Kichererbsen waschen und getrennt 4–5 Stunden einweichen. Gut abtropfen lassen und die Mungobohnen in einen Topf mit 1,2 Liter Wasser geben. Zum Kochen bringen, den Deckel halb auflegen und auf mittlerer Stufe 10–12 Minuten kochen lassen. Dann die abgetropften Kichererbsen hinzufügen, erneut zum Kochen bringen und abgedeckt 20–25 Minuten weiter köcheln lassen. Das Salz hinzugeben, einen Teil der Hülsenfrüchte mit einem Löffelrücken zerdrücken und vom Herd nehmen.

4. Das Ghee oder die Butter in einer Pfanne schmelzen und die Zwiebel unter Rühren 4–5 Minuten weich braten. Den Ingwer und den Knoblauch hinzufügen und 1 Minute lang braten. Die Kurkuma, das Chilipulver, den Koriander und den Kreuzkümmel hinzugeben, kurz braten und dann die Gewürzmischung in das gekochte Dal geben. Auf niedriger Stufe unter Rühren erhitzen, das Garam Masala, den Limettensaft und die Korianderblätter hinzufügen und gut umrühren. Das Dal in Schüsseln füllen und mit den Weizenbällchen servieren.

VEGETARISCHE LINSENGERICHTE

Die meisten Suppen und Dals in diesem Buch sind vegetarisch – doch in diesem Kapitel finden Sie noch viele weitere Ideen, wie Sie Linsen auf köstliche Weise vegetarisch zubereiten können, z. B. in Salaten, in Currys oder als Bratlinge.

Pastete aus roten Linsen und Ziegenkäse

Diese Pastete wird im Schongarer zubereitet, wodurch ein Maximum an Aroma entsteht. Die roten Linsen mit ihrem rauchigen, erdigen Geschmack sind ein perfekter Partner für den würzigen Ziegenkäse.

FÜR 8 PERSONEN

225 g rote Linsen
1 Schalotte, sehr fein gehackt
1 Lorbeerblatt
475 ml heiße Gemüsebrühe
115 g weicher Ziegenkäse
1 TL gemahlener Kreuzkümmel
3 Eier, leicht geschlagen
schwarzer Pfeffer, frisch gemahlen
Salz
dünne, getoastete Brotscheiben
frische Rucolablätter

Energie 136 kcal/573 kJ; Protein 9,8 g; Kohlenhydrate 16 g – davon Zucker 0,9 g; Fett 4,1 g – davon gesättigt 2,6 g; Cholesterin 13 mg; Kalzium 34 mg; Ballaststoffe 1,4 g; Natrium 97 mg

1. Die Linsen in einem Sieb unter fließendem, kaltem Wasser gut abspülen und abtropfen lassen. Dann in den Schongarer füllen und die Schalotte, das Lorbeerblatt und die heiße Gemüsebrühe hinzufügen.

2. Den Schongarer auf hohe Stufe schalten, abdecken und 2 Stunden kochen, bis die gesamte Flüssigkeit aufgesogen ist und die Linsen breiig sind. Gegen Ende der Garzeit ein- oder zweimal umrühren, damit die Linsen nicht am Topf festkleben.

3. Den Schongarer ausschalten. Die Linsenmischung in eine Schüssel umfüllen, das Lorbeerblatt entfernen und alles abkühlen lassen. In der Zwischenzeit den Topf auswaschen und abtrocknen.

4. Den Boden einer Kastenform mit einem Fassungsvermögen von 900 ml leicht mit Öl einfetten und mit Backpapier auslegen. Eine umgedrehte Untertasse auf den Boden des Schongarers stellen, ca. 2,5 cm hoch heißes Wasser einfüllen und auf hohe Stufe schalten.

5. Den Ziegenkäse mit dem Kreuzkümmel in eine Schüssel geben und so lange aufschlagen, bis er weich und cremig ist. Nach und nach die Eier unterrühren und alles gut vermischen. Die Linsenmischung ebenfalls unterrühren und gut mit Salz und Pfeffer würzen.

6. Die Mischung in die vorbereitete Kastenform füllen und mit Klarsicht- oder Alufolie abdecken. Die Form in den Schongarer stellen und so viel kochendes Wasser einfüllen, dass es gerade bis zur Hälfte der Kastenformhöhe reicht. Den Schongarer mit dem Deckel abdecken und 3–3 ½ Stunden garen, bis die Pastete leicht stockt.

7. Die Form vorsichtig aus dem Schongarer heben und zum Abkühlen auf einen Gitterrost stellen. Im Kühlschrank mehrere Stunden oder über Nacht abkühlen lassen. Die Pastete aus der Form stürzen, das Backpapier abziehen und die Pastete in Scheiben schneiden. Mit dünnen Toastscheiben und Rucolablättern servieren.

Salat mit Puy-Linsen, Tomaten und Käse

Käse und Linsen passen hervorragend zusammen: Hier werden kleine blaugrüne Puy-Linsen mit bröckeligen Fetastückchen zu einem köstlichen Salat kombiniert.

1. Die Linsen für ca. 3 Stunden in so viel kaltem Wasser einweichen, dass sie bedeckt sind. Abgießen und in einen großen Topf geben. Mit reichlich kaltem Wasser aufgießen, die Zwiebel und das Lorbeerblatt hinzufügen und zum Kochen bringen. 10 Minuten kräftig kochen, dann die Hitze reduzieren und 20 Minuten sanft köcheln lassen.

2. Abgießen, das Lorbeerblatt wegwerfen und die Linsen in eine Schüssel geben. Mit Salz und Pfeffer würzen und das Olivenöl untermischen. Abkühlen lassen und dann mit der Petersilie, dem Oregano oder Majoran und den Kirschtomaten mischen.

3. Den Käse dazugeben. Eine Schüssel mit Chicoréeblättern auslegen und den Salat einfüllen. Die Pinienkerne darüberstreuen und mit frischen Kräutern garniert servieren.

FÜR 6 PERSONEN

200 g Puy-Linsen
1 rote Zwiebel, gehackt
1 Lorbeerblatt
4 EL natives Olivenöl extra
3 EL frische, glatte Petersilie, gehackt
2 EL frischer Oregano oder Majoran, gehackt
250 g Kirschtomaten, halbiert
250 g Feta oder Ziegenkäse, zerbröckelt
schwarzer Pfeffer, frisch gemahlen
Salz
Chicoréeblätter
frische Kräuter
2–3 EL geröstete Pinienkerne

Energie 324 kcal/1352 kJ; Protein 15,8 g; Kohlenhydrate 21,9 g – davon Zucker 3,7 g; Fett 19,9 g – davon gesättigt 7,1 g; Cholesterin 29 mg; Kalzium 188 mg; Ballaststoffe 2,7 g; Natrium 619 mg

Linsensalat mit roten Zwiebeln und Knoblauch

Dieser knoblauchlastige Linsensalat kann warm oder kalt als selbstständige Mahlzeit, als Vorspeise oder als Beilage zu anderen Hauptgerichten serviert werden.

FÜR 4 PERSONEN

175 g braune oder grüne Linsen
3 EL Olivenöl
2 rote Zwiebeln, gehackt
2 Tomaten, geschält, entkernt und gehackt
2 TL gemahlene Kurkuma
2 TL gemahlener Kreuzkümmel
900 ml Gemüsebrühe oder Wasser
4 Knoblauchzehen, zerdrückt
1 kleines Bund frischer Koriander, gehackt
schwarzer Pfeffer, frisch gemahlen
Salz
1 Zitrone, in Spalten geschnitten

TIPP
Dieser Salat schmeckt noch köstlicher, wenn Sie ihn mit einem großen Klecks Naturjoghurt servieren.

1. Die Linsen abspülen und abtropfen lassen. 2 Esslöffel Olivenöl in einem großen Topf erhitzen und die Zwiebeln darin weich dünsten. Die Tomaten, die Kurkuma und den Kreuzkümmel hinzufügen und die Linsen unterrühren.

2. Mit der Gemüsebrühe oder dem Wasser aufgießen und zum Kochen bringen. Dann die Hitze reduzieren und so lange köcheln lassen, bis die Linsen weich sind und fast die gesamte Flüssigkeit aufgesogen haben.

3. In einer Pfanne das restliche Öl erhitzen und den Knoblauch darin goldbraun braten. Den Knoblauch mit dem Koriander unter die Linsen mischen und mit Pfeffer und Salz abschmecken. Den Salat warm oder abgekühlt servieren und nach Belieben Zitronenspalten zum Beträufeln dazureichen.

Energie 244 kcal/1025 kJ; Protein 12,3 g; Kohlenhydrate 29,2 g – davon Zucker 6,6 g; Fett 9,5 g – davon gesättigt 1,3 g; Cholesterin 0 mg; Kalzium 78 mg; Ballaststoffe 6,1 g; Natrium 16 mg

Schichtsalat mit Linsen, Gemüse und Hummus

Schichtsalate in einem Schraubdeckelglas sind ideal, um ein gesundes Essen für unterwegs oder zur Arbeit mitzunehmen. Dieser Salat beginnt mit einer Schicht aus grünen Linsen, gefolgt von farbenfrohem Gemüse und endet mit einer Schicht Hummus sowie Kürbis- und Sonnenblumenkernen als knackiges Topping.

FÜR 2 PERSONEN

225 g grüne Linsen
4 EL Olivenöl
4 TL Rotweinessig
½ TL Tomatenmark
eine große Prise gemahlener Kreuzkümmel
Salz und Cayennepfeffer
1 kleine, gekochte Rote Bete, grob gerieben
1 Tomate, gewürfelt
½ kleiner Romanasalat, in Streifen geschnitten
1 kleine Karotte, grob gerieben
5 cm Gurke, gewürfelt
½ gelbe Paprikaschote, entkernt und gewürfelt
200 g Hummus
2 TL Kürbiskerne
2 TL Sonnenblumenkerne

1. Die Linsen in einem Topf mit reichlich Wasser zum Kochen bringen. Die Hitze reduzieren und ca. 25 Minuten köcheln lassen, bis die Linsen weich sind, aber noch Biss haben.

2. Die Linsen abspülen und abtropfen lassen, dann in zwei Gläser mit einem Fassungsvermögen von je 450–600 ml füllen.

3. Das Öl, den Essig, das Tomatenmark und den Kreuzkümmel in einer Schüssel gut verrühren, mit Salz und Pfeffer würzen und über die Linsen gießen.

4. Die Rote Bete auf die beiden Gläser verteilen, dann die Tomate und den Salat darübergeben. Mit der Karotte bedecken, dann die Gurke und die gelbe Paprika hinzufügen.

5. Den Hummus zuoberst einfüllen und mit den Kürbis- und Sonnenblumenkernen bestreuen. Die Gläser mit den Deckeln verschließen und bis zum Servieren kühl stellen.

Energie 682 kcal/2871 kJ; Protein 38,9 g; Kohlenhydrate 78,4 g – davon Zucker 13 g; Fett 25,8 g – davon gesättigt 3,4 g; Cholesterin 0 mg; Kalzium 151 mg; Ballaststoffe 21 g; Natrium 729 mg

GUT FÜR DIE GESUNDHEIT

Es wird empfohlen, täglich mindestens fünf Portionen Gemüse und Obst zu essen – dieser Schichtsalat enthält drei der fünf Portionen! Zusätzlich liefern die Linsen auch wichtige Proteine, was sie zu einem vielseitigen Superfood macht.

TIPP

Sie können die Schichten auch mit anderen Gemüse- und Salatsorten variieren, je nachdem, was Sie gerade vorrätig haben. Ebenfalls gut geeignet sind sind zum Beispiel Mais aus der Dose, gehackter frischer Grünkohl oder Babyspinat.

Linsen-Spinat-Salat mit Senfdressing

Dieser herzhafte Linsensalat ist eine wunderbare Mischung aus würzigen Zutaten: Puy-Linsen werden mit Zwiebeln, Lorbeer, Thymian, Petersilie und Kreuzkümmel aromatisiert und mit einem Dressing aus pikantem Dijon-Senf, Knoblauch und Zitrone vermischt.

FÜR 6 PERSONEN

225 g Puy-Linsen
1 frisches Lorbeerblatt
1 Stange Sellerie
1 frischer Thymianzweig
2 EL Olivenöl
1 Zwiebel oder 3–4 Schalotten, fein gehackt
2 TL gemahlener, gerösteter Kreuzkümmel
400 g Babyspinat
2–3 EL frische Petersilie, gehackt
schwarzer Pfeffer, frisch gemahlen
Salz
getoastetes Baguette

Für das Dressing

5 EL natives Olivenöl extra
1 TL Dijon-Senf
1–1 ½ EL Rotweinessig
1 Knoblauchzehe, fein gehackt
½ TL abgeriebene, unbehandelte Zitronenschale

1. Die Linsen abspülen, abtropfen lassen und in einem großen Topf mit reichlich Wasser bedecken. Das Lorbeerblatt, den Sellerie und den Thymian zusammenbinden, in den Topf geben und alles zum Kochen bringen. Die Hitze reduzieren und die Linsen 30–45 Minuten köcheln lassen, bis sie gerade weich sind. In diesem Schritt noch kein Salz hinzufügen, da die Linsen sonst zäh werden.

2. Für das Dressing das Öl, den Senf und 1 Esslöffel Essig mit dem Knoblauch und der Zitronenschale verrühren und mit Salz und Pfeffer abschmecken.

3. Die Linsen gut abtropfen lassen und zusammen mit einem Großteil des Dressings in eine Schüssel geben. Alles durchschwenken, dann beiseitestellen und gelegentlich umrühren.

4. Das Olivenöl in einer tiefen Pfanne erhitzen und die Zwiebel oder die Schalotten bei schwacher Hitze 4–5 Minuten anbraten. Den Kreuzkümmel hinzufügen und 1 Minute mitbraten.

5. Den Spinat dazugeben und nach Geschmack würzen, dann zugedeckt 2 Minuten kochen. Umrühren und nochmals kurz kochen, bis er zusammengefallen ist.

6. Den Spinat unter die Linsen mischen und abkühlen lassen. Das restliche Dressing und die gehackte Petersilie unterrühren. Mit Pfeffer und Salz abschmecken und bei Bedarf noch etwas Rotweinessig hinzufügen.

7. Den Salat in einer Schüssel anrichten und mit getoasteten Baguettescheiben servieren.

Energie 248 kcal/1037 kJ; Protein 11,2 g; Kohlenhydrate 20,3 g – davon Zucker 2,1 g; Fett 14,1 g – davon gesättigt 2 g; Cholesterin 0 mg; Kalzium 150 mg; Ballaststoffe 5,1 g; Natrium 102 mg

Kräuterlinsen mit Feta

Die geschmackliche Kombination von Linse, Käse und Tomate ist in der mediterranen Küche weit verbreitet. Die Würze des Feta-Käses ergänzt den leicht erdigen Geschmack der auch optisch ansprechenden Puy-Linsen, die beim Kochen sowohl Form als auch Farbe behalten.

FÜR 4 PERSONEN

250 g Puy-Linsen
200 g Feta
5 EL sonnengetrocknetes Tomatenmark
eine kleine Handvoll frischer Kerbel, gehackt oder glatte Petersilie, gehackt
schwarzer Pfeffer, frisch gemahlen
Salz
Kerbel- oder Petersilienblättchen

1. Die Linsen in einem großen Topf oder einer tiefen Pfanne mit 600 ml Wasser zum Kochen bringen, die Hitze reduzieren und den Topf abdecken. Etwa 20 Minuten sanft köcheln lassen, bis die Linsen gerade weich sind und das meiste Wasser aufgesogen haben.

2. Die Hälfte des Fetas dazubröckeln. Das Tomatenmark, den Kerbel oder die Petersilie sowie etwas Salz und frisch gemahlenen schwarzen Pfeffer unterrühren und 1 Minute erhitzen.

3. Die Linsenmischung mit dem Sud auf vorgewärmte Teller geben. Den restlichen Feta darüberbröckeln, mit den frischen Kräutern garnieren und sofort servieren.

TIPP
Sie können dieses Rezept nach Belieben auch mit einem anderen mürben Käse, wie zum Beispiel Ricotta oder Ziegenkäse, abwandeln.

Energie 339 kcal/1427 kJ; Protein 23,7 g; Kohlenhydrate 38,6 g – davon Zucker 4,9 g; Fett 11 g – davon gesättigt 7 g; Cholesterin 35 mg; Kalzium 221 mg; Ballaststoffe 3,7 g; Natrium 788 mg

Linsen mit Frühlingszwiebeln und Petersilie

In den östlichen Mittelmeerländern werden Linsen traditionell als Teil einer orientalischen Vorspeisenplatte, der „Mezze", serviert. Dieses Linsengericht ist vor allem in Syrien und im Libanon beliebt und wird ähnlich wie Taboulé zubereitet.

FÜR 4 PERSONEN

225 g braune Linsen
2 Knoblauchzehen, geschält
3–4 EL Olivenöl
Saft von 1 Zitrone
2–3 Frühlingszwiebeln, geputzt und fein gehackt
ein Bund glatte Petersilie, gehackt
schwarzer Pfeffer, frisch gemahlen
Salz
Zitronenspalten
Kerbel- oder Petersilienblättchen

1. Die Linsen in einem Topf mit reichlich Wasser zum Kochen bringen. Die Hitze reduzieren und ca. 25 Minuten köcheln lassen, bis die Linsen weich sind, aber noch Biss haben.

2. Die Linsen abspülen, abtropfen lassen und in eine Schüssel geben. Den Knoblauch mit etwas Salz zu einer Paste zerdrücken und unter die Linsen rühren.

3. Das Olivenöl, den Zitronensaft sowie Pfeffer und Salz hinzugeben und gut durchmischen.

4. Die Frühlingszwiebeln und die Petersilie unterrühren und noch warm mit Zitronenspalten servieren.

Energie 308 kcal/1293 kJ; Protein 14 g; Kohlenhydrate 29 g – davon Zucker 2 g; Fett 16 g – davon gesättigt 2 g; Cholesterin 0 mg; Kalzium 59 mg; Ballaststoffe 5,4 g; Natrium 107 mg

Cremige Puy-Linsen mit Zitrone

Die kleinen blaugrünen Puy-Linsen haben einen angenehm nussigen Geschmack. In Kombination mit Zitronensaft und Crème fraîche bilden sie eine leicht pikante Grundlage für pochierte Eier.

1. Die Linsen mit dem Lorbeerblatt in einem Topf mit kaltem Wasser bedecken und zum Kochen bringen. Die Hitze reduzieren und 25 Minuten mit lose aufgelegtem Deckel köcheln lassen. Ab und zu umrühren und falls nötig Wasser hinzufügen. Wenn die Linsen weich sind, abgießen.

2. Das Öl in einer tiefen Pfanne erhitzen und die Frühlingszwiebeln und den Knoblauch bei mittlerer Hitze 1 Minute anbraten.

3. Den Dijon-Senf, die Zitronenschale und den Zitronensaft unterrühren. Die Tomaten hinzufügen, mit Pfeffer und Salz würzen und 1–2 Minuten braten. Falls die Mischung zu trocken wird, etwas Wasser hinzufügen.

4. Inzwischen die Eier in einem Topf mit siedendem Salzwasser pochieren. Dafür die aufgeschlagenen Eier einzeln ins Wasser gleiten lassen und 3–5 Minuten ziehen lassen. Mit einer Schöpfkelle herausnehmen. Dann die Linsen und die Crème fraîche zur Tomatenmischung geben, das Lorbeerblatt entfernen und alles 1 Minute erhitzen. Jede Portion mit einem pochierten Ei und mit Petersilie bestreut servieren.

FÜR 4 PERSONEN

250 g Puy-Linsen
1 Lorbeerblatt
2 EL Olivenöl
4 Frühlingszwiebeln, in Ringe geschnitten
2 große Knoblauchzehen, gehackt
1 EL Dijon-Senf
abgeriebene Schale und Saft einer großen, unbehandelten Zitrone
4 Eiertomaten, entkernt und gewürfelt
4 Eier
4 EL Crème fraîche
schwarzer Pfeffer, frisch gemahlen
Salz
2 EL frische glatte Petersilie, gehackt

Energie 398 kcal/1671 kJ; Protein 22,4 g; Kohlenhydrate 39 g – davon Zucker 5,2 g; Fett 18,2 g – davon gesättigt 6,6 g; Cholesterin 207 mg; Kalzium 80 mg; Ballaststoffe 4,2 g; Natrium 106 mg

Linsen mit Lauch, Zucchini und Bohnen

Dieses köstliche Gericht schmeckt frisch gekocht hervorragend – noch besser entfaltet sich der Geschmack allerdings, wenn es 24 Stunden ruht. Dann sollten Sie es vor dem Servieren wieder gut aufwärmen.

FÜR 4 PERSONEN

4 EL Olivenöl
4 mittelgroße Stangen Lauch, in feine Ringe geschnitten
2 große Zucchini, fein gewürfelt
50 g sonnengetrocknete Tomaten, grob gehackt
150 g grüne Linsen
200 ml Retsina or trockener Weißwein
16 grüne Bohnen, grob gehackt
Sojasoße
frische glatte Petersilie, gehackt

1. Das Öl in einem Topf erhitzen und den Lauch und die Zucchini darin zugedeckt 15–20 Minuten weich dünsten.

2. Die getrockneten Tomaten, die Linsen und den Weißwein sowie 400 ml Wasser hinzufügen. Erhitzen und zugedeckt 20–30 Minuten köcheln lassen, bis die Linsen gar sind.

3. Die grünen Bohnen dazugeben und weitere 5–10 Minuten kochen, bis die Bohnen zart, aber nicht zu weich sind. Mit Sojasoße abschmecken und mit Petersilie bestreut servieren.

Energie 306 kcal/1280 kJ; Protein 14,1 g; Kohlenhydrate 26,5 g – davon Zucker 7,1 g; Fett 13,1 g – davon gesättigt 2 g; Cholesterin 0 mg; Kalzium 105 mg; Ballaststoffe 11,5 g; Natrium 12 mg

TIPP

Wenn Sie eine elektrische Bratpfanne besitzen, können Sie dieses Gericht auch direkt am Tisch zubereiten. Es kann dann in derselben Pfanne gekocht und serviert werden.

Linsen mit Champignons und Anis

Die großen Hochebenen von Kastilien liefern Linsen für ganz Europa. In diesem Rezept werden sie mit Anisschnaps, der ebenfalls aus dieser Region stammt, aromatisiert.

1. Das Öl in einer feuerfesten Kasserolle erhitzen. Die Zwiebel und den Knoblauch hinzufügen und kurz andünsten.

2. Die Champignonscheiben untermischen und einige Minuten unter Rühren weiterbraten.

3. Die Linsen, die Tomaten, das Lorbeerblatt und 175 ml Wasser hinzufügen. Zugedeckt 1–1 ½ Stunden sanft köcheln lassen, bis die Linsen weich sind und die Flüssigkeit fast aufgesogen ist.

4. Die Petersilie und den Anisschnaps unterrühren. Vor dem Servieren mit Salz, Paprika und schwarzem Pfeffer abschmecken.

Energie 242 kcal/1018 kJ; Protein 12,5 g; Kohlenhydrate 29,8 g – davon Zucker 9,5 g; Fett 7,2 g – davon gesättigt 1 g; Cholesterin 0 mg; Kalzium 83 mg; Ballaststoffe 6,9 g; Natrium 23 mg

FÜR 4 PERSONEN

2 EL Olivenöl
1 große Zwiebel, in Ringe geschnitten
2 Knoblauchzehen, fein gehackt
250 g Champignons, in Scheiben geschnitten
150 g braune oder grüne Linsen
4 Tomaten, in Achtel geschnitten
1 Lorbeerblatt
2 EL frische Petersilie, gehackt
2 EL Anisschnaps
Salz, Paprikapulver und schwarzer Pfeffer

Linsenpüree mit Lauch und Eiern

Dieses ungewöhnliche Gericht aus roten Linsen eignet sich hervorragend als vegetarisches Abendessen. Wenn Sie möchten, können Sie es auch in einer großen Auflaufform backen.

FÜR 4 PERSONEN

450 g rote Linsen
3 Stangen Lauch, in dünne Ringe geschnitten
2 TL Koriandersamen, fein zerstoßen
1 EL frischer Koriander, gehackt
2 EL frische Minze, gehackt
1 EL Rotweinessig
1 l Gemüsebrühe
4 Eier
schwarzer Pfeffer, frisch gemahlen
Salz
eine Handvoll frische Petersilie, gehackt

Energie 236 kcal/993 kJ; Protein 20 g; Kohlenhydrate 22 g – davon Zucker 2 g; Fett 8 g – davon gesättigt 2 g; Cholesterin 232 mg; Kalzium 97 mg; Ballaststoffe 3 g; Natrium 387 mg

1. Die Linsen zusammen mit dem Lauch, den Koriandersamen, dem frischen Koriander, der Minze, dem Essig und der Brühe in einem großen Topf zum Kochen bringen. Die Hitze reduzieren und 30–40 Minuten köcheln lassen, bis die Linsen gar sind und die gesamte Flüssigkeit aufgesogen ist.

2. Den Backofen auf 180 °C vorheizen. Die Linsen mit Salz und Pfeffer würzen und die Mischung auf vier leicht eingefettete Auflaufformen verteilen.

3. Mit der gewölbten Löffelseite in jeder Form eine Mulde in die Linsenmischung drücken und jeweils ein Ei hineingeben. Die Formen mit Folie abdecken und 15–20 Minuten im vorgeheizten Ofen backen, bis die Eier stocken. Mit reichlich gehackter Petersilie bestreuen und sofort servieren.

Linsen-Reis-Kitchari

Das würzige Linsen-Reis-Gericht ist eine Abwandlung des in der ayurvedischen Küche beliebten „Kitchari". Servieren Sie es pur oder mit geviertelten, hart gekochten Eiern, wenn Sie auf viel Eiweiß Wert legen. Es schmeckt auch köstlich mit gegrillten Pilzen als Beilage.

1. Die Linsen mit dem Lorbeerblatt in einen Topf geben und mit kaltem Wasser bedecken. Zum Kochen bringen, eventuell entstehenden Schaum abschöpfen und die Hitze reduzieren. Zugedeckt 25–30 Minuten köcheln lassen, bis sie weich sind, dann abgießen und das Lorbeerblatt herausnehmen.

2. In der Zwischenzeit den Reis in einem Topf mit 475 ml kochendem Wasser bedecken. Die Nelken und eine große Prise Salz hinzufügen und zugedeckt 10–15 Minuten kochen, bis der Reis weich ist und das Wasser aufgesogen hat. Die Nelken wieder herausnehmen.

3. Die Butter in einer großen Pfanne langsam schmelzen lassen, dann das Curry- und das Chilipulver hinzufügen und 1 Minute rösten.

4. Die Linsen und den Reis einrühren und gut mischen, sodass sich die gewürzte Butter gut verteilt. Mit Salz und Pfeffer abschmecken und 1–2 Minuten erhitzen. Die Petersilie unterrühren und nach Belieben mit den hart gekochten Eiern servieren.

FÜR 4 PERSONEN

50 g rote Linsen
1 Lorbeerblatt
225 g Basmati-Reis, gewaschen
4 Gewürznelken
4 EL Butter
1 TL Currypulver
½ TL mildes Chilipulver
2 EL frische, glatte Petersilie, gehackt
schwarzer Pfeffer, frisch gemahlen
Salz
4 hart gekochte Eier, geviertelt

Energie 339 kcal/1414 kJ; Protein 7,6 g; Kohlenhydrate 52,4 g – davon Zucker 0,7 g; Fett 10,9 g – davon gesättigt 6,5 g; Cholesterin 27 mg; Kalzium 44 mg; Ballaststoffe 1,3 g; Natrium 85 mg

Libanesische grüne Linsen mit Bulgur

Aus dem Libanon stammt diese schmackhafte, aber wenig bekannte ländliche Spezialität. Die Kombination von grünen Linsen mit Bulgur ergibt eine gesunde, eigenständige Mahlzeit, die aber auch mit weiteren Beilagen serviert werden kann.

FÜR 4–6 PERSONEN

225 g grüne Linsen
2 EL Ghee oder Olivenöl mit einem Stückchen Butter
2 Zwiebeln, fein gehackt
1–2 TL Kreuzkümmelsamen
225 g grober Bulgur, gewaschen
900 ml Gemüsebrühe oder Wasser
schwarzer Pfeffer, frisch gemahlen
Salz

Für das Topping

1 EL Ghee oder Butter
ein kleines Bund frischer Koriander, gehackt
ein kleines Bund frische Minze, gehackt

Energie 306 kcal/1284 kJ; Protein 13,8 g; Kohlenhydrate 52,8 g – davon Zucker 4,2 g; Fett 5,4 g – davon gesättigt 0,6 g; Cholesterin 0 mg; Kalzium 63 mg; Ballaststoffe 4,3 g; Natrium 9 mg

1. Die Linsen in einem Topf mit kochendem Wasser ca. 15 Minuten garen, sodass sie zart, aber nicht breiig sind. In ein Sieb abgießen und unter fließendem, kaltem Wasser abschrecken.

2. Das Ghee oder das Olivenöl mit der Butter in einem großen Topf erhitzen und die Zwiebeln darin anbraten. Den Kreuzkümmel und den Bulgur hinzufügen. Die Linsen einrühren und mit der Brühe aufgießen.

3. Mit Salz und Pfeffer würzen und zum Kochen bringen. Die Hitze reduzieren und 15 Minuten köcheln lassen. Den Herd ausschalten, ein sauberes Geschirrtuch über den Topf legen und dann den Deckel auflegen. Die Bulgur-Linsen-Mischung 10 Minuten dämpfen.

4. In der Zwischenzeit das Ghee oder die Butter in einer kleinen Pfanne schmelzen. Den Reis und die Linsen in eine Schüssel füllen, das geschmolzene Ghee oder die Butter darübergießen und mit Koriander und Minze garnieren.

Wirsingpäckchen mit Hülsenfrüchten

Neben den braunen Linsen können für dieses libanesische Rezept Bohnen oder Kichererbsen sowohl aus der Dose als auch in getrockneter Form verwendet werden. Die getrocknete Version muss vor der Zubereitung über Nacht eingeweicht und dann ca. 40 Minuten in reichlich Wasser gekocht werden.

FÜR 4–6 PERSONEN

115 g braune Linsen
115 g Bulgur
1–2 EL Ghee oder Olivenöl mit einem Stückchen Butter
2 Zwiebeln, fein gehackt
2–3 Knoblauchzehen, fein gehackt
2 TL Kreuzkümmelsamen
2 TL Koriandersamen
eine kleine Handvoll zerbröckelte, getrocknete Salbeiblätter
115 g Kidneybohnen, aus der Dose oder getrocknet, eingeweicht und gekocht
115 g Gartenbohnen, weiße Bohnen oder Sojabohnen, aus der Dose oder getrocknet, eingeweicht und gekocht
115 g Kichererbsen, aus der Dose oder getrocknet, eingeweicht und gekocht
1 TL Paprikapulver
12 Wirsingblätter, geputzt
schwarzer Pfeffer, frisch gemahlen
Salz
Joghurt, mit Knoblauch gewürzt, oder Tahinisoße

1. Die abgespülten und abgetropften Linsen in einem Topf mit kochendem Wasser ca. 20 Minuten köcheln lassen, bis sie weich sind. Abgießen und unter fließendem, kaltem Wasser abschrecken.

2. Den Bulgur unter kaltem, fließendem Wasser abspülen und abtropfen lassen. In einer Schüssel mit kochendem Wasser übergießen, sodass die Körner ca. 1 cm hoch bedeckt sind. Abdecken und ca. 15 Minuten quellen lassen, dann abgießen.

3. Das Ghee oder das Olivenöl und die Butter in einer großen Pfanne erhitzen und die Zwiebeln und den Knoblauch mit den Gewürzen und den Salbeiblättern darin anbraten. Sobald die Zwiebeln zu bräunen beginnen, die beiden Bohnensorten und die Kichererbsen hinzufügen und alles 2 Minuten kochen.

4. Den Bulgur hinzufügen und alles unter Rühren erhitzen. Mit Salz, Pfeffer und Paprikapulver würzen und warm halten.

5. Die vorbereiteten Kohlblätter dämpfen oder blanchieren, bis sie zusammenfallen, aber nicht zu weich sind und dann mit Küchenpapier trocken tupfen.

6. In die Mitte jedes Kohlblatts eine Portion der Hülsenfrüchtemischung geben, die Ränder nach innen klappen und einwickeln. Sofort mit gewürztem Joghurt oder Tahinisoße servieren oder noch eine Weile im Ofen warm halten.

Energie 261 kcal/1097 kJ; Protein 13 g; Kohlenhydrate 40 g – davon Zucker 5 g; Fett 7 g – davon gesättigt 3 g; Cholesterin 14 mg; Kalzium 104 mg; Ballaststoffe 5,8 g; Natrium 78 mg

Kasserolle mit Linsen und Wurzelgemüse

Für dieses äußerst gesunde Gericht können Sie braune oder grüne Linsen verwenden. Die Vielfalt an winterlichem Wurzelgemüse macht es zu einem köstlichen und sättigenden Hauptgericht.

FÜR 6 PERSONEN

1 EL Sonnenblumenöl
2 Stangen Lauch, in Ringe geschnitten
1 Knoblauchzehe, zerdrückt
4 Stangen Sellerie, gehackt
2 Karotten, gewürfelt
2 Pastinaken, gewürfelt
1 Süßkartoffel, gewürfelt
225 g Steckrüben, gewürfelt
175 g braune oder grüne Linsen
450 g Tomaten, geschält, entkernt und gehackt
1 EL frischer Thymian, gehackt
1 EL frischer Majoran, gehackt
900 ml Gemüsebrühe
1 EL Maisstärke
schwarzer Pfeffer, frisch gemahlen
Salz
frische Thymianzweige

1. Den Backofen auf 180 °C vorheizen. In einer großen feuerfesten Kasserolle das Öl erhitzen. Den Lauch, den Knoblauch und den Sellerie hinzufügen und bei niedriger Hitze 3 Minuten braten, dabei ab und zu umrühren.

2. Die Karotten, die Pastinaken, die Süßkartoffel, die Steckrüben, die Linsen, die Tomaten, die Kräuter und die Brühe unterrühren und mit Salz und Pfeffer würzen. Zum Kochen bringen und dabei ab und zu umrühren.

3. Die Kasserolle abdecken und ca. 50 Minuten im vorgeheizten Backofen garen. Die Gemüsemischung während der Garzeit ein- oder zweimal umrühren.

4. Die Kasserolle aus dem Ofen nehmen. In einer kleinen Schüssel die Maisstärke mit 3 Esslöffeln Wasser verrühren und unter das Gemüse mischen. Unter ständigem Rühren vorsichtig erhitzen, bis die Mischung andickt, dann 2 Minuten unter Rühren weiterköcheln lassen.

5. Die Gemüse-Linsen-Mischung auf vorgewärmte Teller oder in Schalen verteilen und mit Thymianzweigen garniert servieren.

Energie 202 kcal/857 kJ; Protein 9,4 g; Kohlenhydrate 36,2 g – davon Zucker 10,3 g; Fett 3,2 g – davon gesättigt 0,5 g; Cholesterin 0 mg; Kalzium 70 mg; Ballaststoffe 6,4 g; Natrium 60 mg

Braune Linsen mit Reis und Röstzwiebeln

Im Libanon ein Klassiker, ist dieses Linsengericht auch für europäische Gaumen ein besonderer Leckerbissen: Es wird mit Zucker und Gewürzen verfeinert und der knusprige Zwiebelbelag verleiht ihm eine unwiderstehliche Konsistenz.

FÜR 4–6 PERSONEN
225 g braune Linsen
3–4 EL Ghee oder Olivenöl
2 Zwiebeln, fein gehackt
1 TL Zucker
1 TL gemahlener Koriander
1 TL gemahlener Kreuzkümmel
225 g Langkornreis, gewaschen
schwarzer Pfeffer, frisch gemahlen
Salz
1 TL gemahlener Zimt

Für die Röstzwiebeln
Sonnenblumenöl zum Frittieren
2 Zwiebeln, in halbe Ringe geschnitten

Energie 411 kcal/1717 kJ; Protein 13,7 g; Kohlenhydrate 58,3 g – davon Zucker 7 g; Fett 14,3 g – davon gesättigt 1,8 g; Cholesterin 0 mg; Kalzium 68 mg; Ballaststoffe 5 g; Natrium 9 mg

1. Die Linsen abspülen und abtropfen lassen. In einem Topf mit kochendem Wasser 10–15 Minuten kochen, bis sie weich sind, aber noch Biss haben. Abgießen und unter kaltem Wasser abschrecken.

2. Das Ghee oder das Öl in einem großen Topf erhitzen und die Zwiebeln mit dem Zucker 3–4 Minuten goldbraun anbraten. Die Gewürze hinzufügen, 1–2 Minuten mitbraten, dann die Linsen und den Reis hinzugeben und gut mit der Zwiebelmischung vermischen.

3. So viel Wasser hinzufügen, dass alles knapp bedeckt ist. Zum Kochen bringen, dann bei niedriger Temperatur ca. 15 Minuten sanft köcheln lassen, bis das Wasser aufgesogen ist. Den Herd ausschalten, den Topf mit einem sauberen Geschirrtuch abdecken, dann den Deckel auflegen und weitere 10 Minuten dämpfen lassen.

4. Für die Röstzwiebeln reichlich Öl in einer tiefen Pfanne erhitzen und die Zwiebeln darin knusprig braten, dann auf Küchenpapier abtropfen lassen. Die Linsen-Reis-Mischung mit Pfeffer und Salz würzen. Mit Zimt bestreuen und die Zwiebeln darauf verteilen.

Grüne Linsen mit Tahdig

Die persische oder iranische Küche ist exotisch und köstlich, mit intensiven Aromen. Dieses Linsengericht wird mit „Tahdig“ serviert, einer wunderbar goldbraunen Reiskruste, die sich beim Kochen des Reises am Boden des Topfes bildet.

FÜR 6–8 PERSONEN

450 g Basmatireis, eingeweicht
150 ml Sonnenblumenöl
2 Knoblauchzehen, zerdrückt
2 Zwiebeln, eine davon gehackt und eine in feine Ringe geschnitten
150 g grüne Linsen
600 ml Gemüsebrühe
50 g Rosinen
2 TL gemahlener Koriander
3 EL Tomatenmark
ein paar Safranfäden
1 Eigelb, verquirlt
2 TL Naturjoghurt
6 EL geschmolzenes Ghee oder Butterschmalz
schwarzer Pfeffer, frisch gemahlen
Salz

TIPP
Statt Basmatireis können Sie auch jeden anderen Langkornreis oder Naturreis verwenden.Beachten Sie aber, dass Naturreis eine längere Garzeit benötigt.

Energie 500 kcal/2082 kJ; Protein 10,1 g; Kohlenhydrate 62,8 g – davon Zucker 8 g; Fett 23,3 g – davon gesättigt 6,2 g; Cholesterin 25 mg; Kalzium 45 mg; Ballaststoffe 2,6 g; Natrium 23 mg

1. Den eingeweichten Reis abgießen, in kochendem Salzwasser 10–12 Minuten weich kochen und erneut abgießen.

2. In einem großen Topf 2 Esslöffel Öl erhitzen und den Knoblauch und die gehackten Zwiebeln 5 Minuten darin anbraten. Die Linsen, die Brühe, die Rosinen, den Koriander und das Tomatenmark einrühren und mit Salz und Pfeffer würzen. Zum Kochen bringen, dann die Hitze reduzieren und zugedeckt ca. 20 Minuten köcheln lassen.

3. Die Safranfäden in etwas heißem Wasser einweichen und beiseitestellen. Das Eigelb mit dem Joghurt in einer Schüssel verrühren, ca. 120 g des gekochten Reises dazugeben und alles gut vermischen. Mit Pfeffer und Salz würzen.

4. Zwei Drittel des restlichen Öls in einem großen Topf erhitzen. Den Ei-Joghurt-Reis hineingeben und gleichmäßig auf dem Boden verteilen. Den restlichen Reis abwechselnd mit der Linsenmischung pyramidenförmig daraufschichten und mit einer Schicht Reis abschließen.

5. Mit einem langen Holzlöffelstiel drei Löcher bis zum Boden des Topfes stechen und das geschmolzene Ghee oder Butterschmalz hineingießen. Den Topf bei hoher Temperatur erhitzen. Dann den Deckel in ein sauberes, feuchtes Geschirrtuch wickeln und fest auflegen. Wenn sich kräftiger Dampf entwickelt, die Temperatur herunterschalten und ca. 30 Minuten bei schwacher Hitze garen.

6. In der Zwischenzeit die Zwiebelringe im restlichen Öl braun und knusprig braten. Auf Küchenpapier abtropfen lassen. Das Spülbecken mit kaltem Wasser füllen. Den Reistopf vom Herd nehmen, zugedeckt lassen und mit dem Boden kurz in das kalte Wasser tauchen, damit sich der Reis vom Topfboden löst. Das Safranwasser in eine Schüssel abgießen und einige Esslöffel von der oberen Reisschicht unterrühren.

7. Den Reis und die Linsen im Topf durch Rütteln vermengen, auf einer Servierplatte aufhäufen und den Safranreis darübergeben. Die Reiskruste am Topfboden aufbrechen und die Stücke auf der Reis-Linsen-Mischung verteilen. Mit den gebratenen Zwiebeln servieren.

Indische Linsen mit Knoblauchöl

Bei diesem Rezept, das in Indien als „Sambhar“ bekannt ist, werden rote Linsen mit Gemüse kombiniert. Sie können sowohl eine einzelne Gemüsesorte verwenden als auch zwei oder mehr Sorten kombinieren.

FÜR 4–6 PERSONEN

225 g rote Linsen
120 ml Pflanzenöl
½ TL Senfkörner
½ TL Kreuzkümmelsamen
2 getrocknete rote Chilischoten
¼ TL Asant
6–8 Curryblätter
4 Knoblauchzehen, 2 davon zerdrückt und 2 in Scheiben geschnitten
2 EL Kokosraspel
2 TL Sambhar Masala (siehe Tipp)
½ TL gemahlene Kurkuma
450 g gemischtes Gemüse, z. B. Okra, Zucchini, Aubergine, Blumenkohl, Schalotten und Paprikaschoten, in Stücke geschnitten
4 EL Tamarindensaft
4 feste Tomaten, geviertelt
einige frische Korianderblättchen, gehackt

TIPP

Sambhar Masala ist eine indische Gewürzmischung, die aus gemahlenen halbierten Kichererbsen (Chana Dal) sowie verschiedenen gemahlenen Gewürzen, wie Kreuzkümmel, Koriander, Senfkörner, Chili, Bockshornklee, Kurkuma, schwarzer Pfeffer und Zimt, besteht.

1. Die Linsen in einem Sieb unter fließendem, kaltem Wasser abspülen, abtropfen lassen und beiseitestellen.

2. Die Hälfte des Öls in einem Wok, einem indischen Karahi oder einem großen Topf erhitzen und die Senfkörner, die Kreuzkümmelsamen, die Chilischoten, den Asant, die Curryblätter, den zerdrückten Knoblauch und die Kokosraspel hinzufügen. Unter Rühren so lange braten, bis die Kokosraspel zu bräunen beginnen.

3. Die Linsen, das Sambhar Masala und die Kurkuma hinzufügen und 2–3 Minuten unter Rühren anbraten. Dann 450 ml Wasser hinzugeben, zum Kochen bringen und zugedeckt auf niedriger Stufe 25–30 Minuten köcheln lassen, bis die Linsen zerfallen.

4. Das gemischte Gemüse, den Tamarindensaft und die Tomatenviertel hinzufügen und ca. 15 Minuten kochen, bis das Gemüse weich ist, aber noch Biss hat.

5. Das restliche Öl in einer kleinen Pfanne bei niedriger Temperatur erhitzen und die Knoblauchscheiben darin goldgelb braten. Die Korianderblätter unterrühren, dann die Mischung über die Linsen und das Gemüse geben. Vor dem Servieren alle Zutaten miteinander vermengen.

Energie 304 kcal/1270 kJ; Protein 10,7 g; Kohlenhydrate 29,3 g – davon Zucker 8,7 g; Fett 17,9 g – davon gesättigt 3,3 g; Cholesterin 0 mg; Kalzium 84 mg; Ballaststoffe 6,2 g; Natrium 45 mg

Curry mit Chana Dal und Flaschenkürbis

Geschälte und halbierte Kichererbsen, in Indien als „Chana Dal" bekannt, sehen aus wie gelbe Linsen und werden wie diese verwendet. Sie haben einen nussigen Geschmack und verleihen diesem Gericht ein herrlich erdiges Aroma.

FÜR 4–6 PERSONEN

175 g halbierte Kichererbsen (Chana Dal)
4 EL Pflanzenöl
2 frische grüne Chilischoten, entkernt und gehackt
1 Zwiebel, gehackt
2 Knoblauchzehen, zerdrückt
5 cm frische Ingwerwurzel, gerieben
6–8 Curryblätter
1 TL Chilipulver
1 TL gemahlene Kurkuma
450 g Flaschenkürbis oder ein anderer Speisekürbis oder Zucchini, geschält, entkernt und in Scheiben geschnitten
4 EL Tamarindensaft
2 Tomaten, gehackt
Salz
eine Handvoll frische Korianderblätter, gehackt

1. In einem großen Topf die halbierten Kichererbsen in 450 ml Salzwasser ca. 30 Minuten kochen, bis sie weich, aber nicht breiig sind. Beiseitestellen, dabei das überschüssige Wasser im Topf belassen.

2. Das Öl in einer großen Pfanne oder einem Topf erhitzen und die Chilis, die Zwiebel, den Knoblauch, den Ingwer, die Curryblätter, das Chilipulver, die Kurkuma und etwas Salz dazugeben und kurz anbraten. Die Kürbisstücke hinzugeben und alles vermengen.

3. Die halbierten Kichererbsen mit dem Wasser dazugeben und aufkochen lassen. Den Tamarindensaft, die Tomaten und den Koriander hinzufügen und alles 20 Minuten köcheln lassen, bis der Kürbis gar ist.

Energie 188 kcal/791 kJ; Protein 8,1 g; Kohlenhydrate 22,4 g – davon Zucker 5,7 g; Fett 8 g – davon gesättigt 1 g; Cholesterin 0 mg; Kalzium 41 mg; Ballaststoffe 3,6 g; Natrium 16 mg

TIPP

Wenn Sie Zucchini verwenden, dann geben Sie diese zusammen mit dem Tamarindensaft, den Tomaten und dem Koriander erst in Schritt 3 hinzu. Zucchini brauchen viel weniger Zeit zum Garen als die anderen Kürbissorten.

Herzhafte Linsen-Nuss-Terrine

Diese gesunde und nussige Linsenterrine ist perfekt für besondere Anlässe: Sie schmeckt noch besser, wenn man sie mit einem Klecks würziger, frischer Tomatensoße serviert.

FÜR 4 PERSONEN

2 EL Olivenöl, plus Öl zum Einfetten
1 Zwiebel, fein gehackt
1 Stange Lauch, in feine Ringe geschnitten
2 Stangen Sellerie, fein gehackt
225 g Pilze, gehackt
2 Knoblauchzehen, zerdrückt
425 g braune Linsen, aus der Dose
115 g gemischte Nüsse, wie Haselnüsse, Cashewnüsse und Mandeln, fein gehackt
50 g Weizenmehl
50 g reifer Cheddar-Käse, gerieben
1 Ei, geschlagen
3–4 EL frische gemischte Kräuter, gehackt
schwarzer Pfeffer, frisch gemahlen
Salz
Schnittlauch
frische glatte Petersilie

1. Den Boden und die Seiten einer Kastenform mit einem Fassungsvermögen von 900 g leicht einfetten und mit Backpapier auslegen. Den Backofen auf 190 °C vorheizen.

2. Das Öl in einem großen Topf erhitzen, die Zwiebel, den Lauch, den Sellerie, die Pilze und den Knoblauch hinzufügen und 10 Minuten garen. Es sollte weich, aber nicht braun werden. Vom Herd nehmen. Die Linsen abspülen, abtropfen lassen und zusammen mit den gemischten Nüssen, dem Mehl, dem Käse, dem Ei und den Kräutern in den Topf geben. Mit Salz und Pfeffer würzen und vermischen.

3. Die Masse in die vorbereitete Kastenform füllen. Die Oberfläche glattstreichen und mit einem Stück Folie abdecken. Die Form in ein großes, tiefes Backblech stellen und so viel siedendes Wasser einfüllen, dass es bis zur halben Höhe der Form reicht.

4. Zugedeckt 1 bis 2 Stunden im Backofen backen, bis die Terrine fest ist, dann ca. 15 Minuten in der Form abkühlen lassen und auf eine Servierplatte stürzen. Warm oder kalt, in dicke Scheiben geschnitten und mit Schnittlauch und Petersilie garniert servieren.

Energie 484 kcal/2019 kJ; Protein 23,7 g; Kohlenhydrate 34,1 g – davon Zucker 5,1 g; Fett 29 g – davon gesättigt 5,4 g; Cholesterin 69 mg; Kalzium 238 mg; Ballaststoffe 8,7 g; Natrium 128 mg

Curry mit Linsen und Eiern

Eier sind eine hervorragende Ergänzung zu vegetarischen Currys – und kombiniert mit Linsen ergeben sie eine gehaltvolle und äußerst schmackhafte Mahlzeit. Aus ernährungswissenschaftlicher Sicht sind Linsen und Eier eine gute Eiweißquelle und reich an Vitaminen und Mineralien.

FÜR 4 PERSONEN

75 g grüne Linsen
750 ml Gemüsebrühe
6 Eier
2 EL Pflanzenöl
3 Gewürznelken
¼ TL schwarze Pfefferkörner
1 Zwiebel, fein gehackt
2 frische, grüne Chilischoten, entkernt und fein gehackt
2 Knoblauchzehen, zerdrückt
2,5 cm frische Ingwerwurzel, gehackt
2 EL Currypaste
400 g gehackte Tomaten, aus der Dose
½ TL Zucker
½ TL Garam Masala

1. Die Linsen unter fließendem, kaltem Wasser waschen. Mit der Gemüsebrühe in einem großen Topf zugedeckt ca. 15 Minuten köcheln lassen, bis die Linsen weich sind, dann abgießen und beiseitestellen.

2. Die Eier in kochendem Wasser 10 Minuten kochen, dann herausnehmen und unter kaltem Wasser abschrecken. Wenn sie abgekühlt sind, pellen und der Länge nach halbieren.

3. Das Öl in einer großen Bratpfanne erhitzen und die Gewürznelken und die Pfefferkörner ca. 2 Minuten darin anbraten. Die Zwiebel, die Chilischoten, den Knoblauch und den Ingwer hinzufügen und alles weitere 5–6 Minuten unter Rühren braten.

4. Die Currypaste einrühren und weitere 2 Minuten unter Rühren braten. Die gehackten Tomaten und den Zucker hinzufügen und mit 175 ml Wasser ablöschen. Dann ca. 5 Minuten köcheln lassen, bis die Soße eindickt, dabei ab und zu umrühren. Die gekochten Eier, die abgetropften Linsen und das Garam Masala hinzugeben. Zugedeckt weitere 10 Minuten sanft köcheln lassen und dann servieren.

TIPP
Wenn Sie ein sämigeres Curry bevorzugen, können Sie die grünen durch rote Linsen ersetzen, da diese Sorte beim Kochen zerfällt.

Energie 258 kcal/1081 kJ; Protein 15,3 g; Kohlenhydrate 17 g – davon Zucker 4,9 g; Fett 15,1 g – davon gesättigt 3,3 g; Cholesterin 285 mg; Kalzium 103 mg; Ballaststoffe 3,6 g; Natrium 149 mg

Paprika mit Linsen-Eier-Füllung

Im Ofen gebackene, mit Puy-Linsen und Eiern gefüllte Paprikaschoten sind eine wunderbar leichte Mahlzeit – voll im Geschmack und dennoch kalorienarm.

1. Die Linsen mit den Gewürzen und der Gemüsebrühe in einen Topf geben, zum Kochen bringen und 30–40 Minuten köcheln lassen. Falls nötig, während des Kochens mehr Wasser hinzufügen.

2. Den Backofen auf 190 °C vorheizen. Die Paprikaschoten leicht mit Öl bepinseln und dicht nebeneinander auf ein Backblech legen. Die Minze mit den Linsen vermischen und die Paprikaschoten damit füllen, dabei jeweils eine kleine Mulde hineindrücken.

3. Die Eier einzeln in ein kleines Gefäß aufschlagen und je ein Ei in jede Mulde gießen. Das Ei vorsichtig unter die Linsenmischung rühren und mit Pfeffer und Salz bestreuen. 10 Minuten backen, bis das Ei gegart ist, und mit Koriander garniert servieren.

FÜR 4 PERSONEN

75 g Puy-Linsen
½ TL gemahlene Kurkuma
½ TL gemahlener Koriander
½ TL Paprikapulver
450 ml Gemüsebrühe
2 Paprikaschoten, halbiert und entkernt
etwas Öl
1 EL frische Minze, gehackt
4 Eier
schwarzer Pfeffer, frisch gemahlen
Salz
frische Korianderblättchen

TIPP
Verstärken Sie den Geschmack der Linsenfüllung, indem Sie gehackte Zwiebeln und Tomaten in Olivenöl anbraten und untermischen.

Energie 181 kcal/760 kJ; Protein 13,4 g; Kohlenhydrate 15,6 g – davon Zucker 5,6 g; Fett 7,7 g – davon gesättigt 2,1 g; Cholesterin 231 mg; Kalzium 66 mg; Ballaststoffe 4,1 g; Natrium 91 mg

Linsen-Frittata

Grüne Linsen verleihen der beliebten mediterranen Frittata eine besondere Note und machen sie zu einem sättigenden, gesunden und schmackhaften Gericht.

FÜR 4–6 PERSONEN

75 g grüne Linsen
225 g kleine Brokkoliröschen
2 rote Zwiebeln, in dünne Scheiben geschnitten
2 EL Olivenöl
175 g Kirschtomaten, halbiert
8 Eier
3 EL Milch oder Wasser
schwarzer Pfeffer, frisch gemahlen
Salz
3 EL frische Kräuter, gehackt, z. B. Oregano, Petersilie, Estragon und Schnittlauch

Energie 212 kcal/886 kJ; Protein 14 g; Kohlenhydrate 13,9 g – davon Zucker 5,5 g; Fett 11,8 g – davon gesättigt 2,7 g; Cholesterin 254 mg; Kalzium 84 mg; Ballaststoffe 2,8 g; Natrium 106 mg

1. Die Linsen in einem Topf, mit kaltem Wasser bedeckt, zum Kochen bringen. Die Hitze reduzieren und 25 Minuten köcheln lassen, bis sie weich sind. Den Brokkoli hinzufügen und 1 Minute kochen.

2. Die Zwiebelscheiben und das Olivenöl in einer irdenen Auflaufform mit einem Durchmesser von 23–25 cm in den kalten Ofen stellen. Den Ofen auf 200 °C aufheizen und die Zwiebeln 25 Minuten backen.

3. Die Linsen und den Brokkoli abgießen und unter die Zwiebeln mischen. Die Kirschtomaten vorsichtig unterrühren.

4. In einer Schüssel die Eier mit Milch oder Wasser, einer Prise Salz und reichlich schwarzem Pfeffer verquirlen, dann die Kräuter unterrühren. Die Eiermischung gleichmäßig über das Gemüse gießen. Den Backofen auf 190 °C herunterschalten und alles 10 Minuten backen. Herausnehmen und die Mischung mit einem Spatel in die Mitte der Form drücken, sodass die noch rohe Mischung aus der Mitte zum Rand fließt.

5. Die Form wieder in den Ofen schieben und die Frittata weitere 15 Minuten backen, bis sie durchgegart ist. Mit frischen Kräutern garniert und in dicke Scheiben geschnitten noch warm servieren.

Frittierte Linsenbällchen

Diese würzigen Linsenbällchen sind die indischen Verwandten der arabischen Falafel. Da die Linsen dafür püriert werden, ist es sinnvoll, sie vorher einweichen.

FÜR 4–6 PERSONEN

250 g rote Linsen, über Nacht eingeweicht
3–5 Knoblauchzehen, gehackt
2 EL frische Ingwerwurzel, grob gehackt
120 g frischer Koriander, gehackt
½ TL gemahlener Kreuzkümmel
¼–½ TL gemahlene Kurkuma
eine große Prise Cayennepfeffer oder ½–1 frische grüne Chili, entkernt und gehackt
50 g Kichererbsenmehl
1 TL Backpulver
2 EL Couscous
2 große Zwiebeln, gehackt
Pflanzenöl, zum Frittieren
schwarzer Pfeffer, frisch gemahlen
Salz
Salatblätter und frische rote Chili, gehackt
Minzsoße (siehe Tipp)

1. Die Linsen abgießen, dabei einen Teil des Einweichwassers auffangen. Den gehackten Knoblauch und den Ingwer in eine Küchenmaschine oder einen Mixer geben und fein mahlen. Die abgetropften Linsen, 1–2 Esslöffel des Einweichwassers und den gehackten Koriander hinzufügen und alles zu einem Püree verarbeiten.

2. Den Kreuzkümmel, die Kurkuma, den Cayennepfeffer oder die Chili, ½ Teelöffel Salz, ½ Teelöffel Pfeffer, das Kichererbsenmehl, das Backpulver und den Couscous daruntermischen, sodass ein fester Teig entsteht. Wenn er zu fest ist, einen Löffel Einweichwasser hinzufügen; wenn er zu wässrig ist, etwas mehr Mehl oder Couscous hinzufügen. Dann die Zwiebeln untermischen.

3. In einer breiten, tiefen Pfanne ca. 5 cm hoch das Öl einfüllen und erhitzen, bis sich um den Holzstiel eines hineingehaltenen Kochlöffels Bläschen bilden. Vorsicht: Das heiße Öl nicht unbeaufsichtigt lassen! Die Linsenmischung mit zwei Löffeln zu mundgerechten Kugeln formen und diese vorsichtig in das heiße Öl geben. Goldbraun braten, dann wenden und die zweite Seite goldbraun braten.

4. Die Bällchen mit einem Schaumlöffel herausheben und auf Küchenpapier abtropfen lassen. Auf ein Backblech geben und im Ofen warm halten, bis alle Bällchen frittiert sind. Heiß oder abgekühlt auf Salatblättern servieren, mit gehackten roten Chilischoten garnieren und mit Minzsoße servieren.

Energie 291 kcal/1226 kJ; Protein 16,5 g; Kohlenhydrate 38,8 g – davon Zucker 4,6 g; Fett 8,6 g – davon gesättigt 1 g; Cholesterin 0 mg; Kalzium 115 mg; Ballaststoffe 4 g; Natrium 33 mg

TIPP

Selbst gemachte Minzsoße erhalten Sie, indem Sie im Mixer 175 g Naturjoghurt mit einem Bund gehacktem, frischem Koriander, 20 frischen Minzblättern, 2 Knoblauchzehen, 2–5 entkernten und gehackten, frischen grünen Chilischoten, dem Saft einer Limette und Salz nach Geschmack verarbeiten.

Türkische Knoblauch-Linsen mit Karotten und Salbei

Hier wird ein osmanisches Zeytinyaglı-Rezept (*zeytinyaglı* = mit Olivenöl), in dem Karotten, Lauch, Sellerie, Bohnen oder Artischocken in Olivenöl zubereitet werden, mit grünen Linsen abgewandelt. Die Karotten werden mit Knoblauch, Koriander und Salbei gewürzt. Das Gericht schmeckt heiß ebenso gut wie lauwarm. Dazu serviert man am besten etwas Joghurt, gewürzt mit zerdrücktem Knoblauch, Salz und Pfeffer sowie Zitronenspalten.

FÜR 4–6 PERSONEN

175 g grüne Linsen
3–4 EL Olivenöl
1 Zwiebel, längs und quer halbiert und dann in Scheiben geschnitten
3–4 große Knoblauchzehen, grob zerdrückt
1 TL Koriandersamen
eine Handvoll getrocknete Salbeiblätter
1–2 TL Zucker
4 Karotten, in Scheiben geschnitten
1–2 EL Tomatenmark
schwarzer Pfeffer, frisch gemahlen
Salz
ein Bund frischer Salbei oder glatte Petersilie
etwas Olivenöl zum Braten
Zitronenspalten

Energie 166 kcal/696 kJ; Protein 7,6 g; Kohlenhydrate 21,1 g – davon Zucker 6,7 g; Fett 6,2 g – davon gesättigt 0,9 g; Cholesterin 0 mg; Kalzium 38 mg; Ballaststoffe 4 g; Natrium 22 mg

1. Die Linsen abspülen, abtropfen lassen und in einen Topf mit kochendem Wasser geben. Die Hitze reduzieren, den Deckel locker auflegen und 10 Minuten köcheln lassen. Abgießen und unter fließendem, kaltem Wasser abspülen.

2. Das Olivenöl in einem Schmortopf erhitzen, die Zwiebel, den Knoblauch, die Koriandersamen, die getrockneten Salbeiblätter und den Zucker einrühren und anbräunen. Die Karotten hinzufügen und 2–3 Minuten anbraten.

3. Die Linsen dazugeben und so viel Wasser aufgießen, dass die Linsen und Karotten bedeckt sind. Das Tomatenmark unterrühren, den Topf abdecken und alles ca. 20 Minuten sanft köcheln lassen, bis die meiste Flüssigkeit aufgesogen ist. Die Linsen und Karotten sollten weich sein, aber noch etwas Biss haben. Mit Pfeffer und Salz abschmecken.

4. Den frischen Salbei oder die glatte Petersilie einige Sekunden in einer Pfanne mit etwas Olivenöl anbraten. Die Linsen entweder heiß oder lauwarm mit den gebratenen Kräutern und den Zitronenspalten servieren.

Linsen-Kebab nach Karatschi-Art

In Pakistan wird Linsen-Kebab aus Kartoffeln und halbierten Kichererbsen (Chana Dal) zubereitet und in einem Burgerbrötchen serviert – ein köstliches vegetarisches Gericht. Man bekommt ihn häufig in den belebten Straßen von Karatschi, serviert mit Minz- oder Tamarinden-Chutney sowie anderen Beilagen, wie Zwiebel- und Tomatenscheiben.

FÜR 4–6 PERSONEN

2 große Kartoffeln, geschält und in Scheiben geschnitten
225 g halbierte Kichererbsen (Chana Dal), abgespült und 1 Stunde in Wasser eingeweicht
1 ½ TL gemahlener Kreuzkümmel
2 ½ TL gemahlener Koriander
2 TL zerstoßene, getrocknete rote Chilischoten
1 ½ TL Salz
4–6 frische Minzeblätter, fein gehackt
2 ½ TL Mangopulver (Amchur)
2 EL Chaat Masala (indische Gewürzmischung)
2 Eier
Pflanzenöl zum Braten
4–6 Burgerbrötchen, quer halbiert
2 Tomaten, in Scheiben geschnitten
1 Zwiebel, in Ringe geschnitten
Minz-Mango-Chutney

Energie 353 kcal/1492 kJ; Protein 17,2 g; Kohlenhydrate 56,2 g – davon Zucker 2,9 g; Fett 8,2 g – davon gesättigt 1,6 g; Cholesterin 99 mg; Kalzium 123 mg; Ballaststoffe 4,5 g; Natrium 291 mg

1. Die Kartoffeln in einem großen Topf mit kochendem Wasser 10–15 Minuten garen. Gut abtropfen lassen, dann zurück in den Topf geben und cremig pürieren. Zum Abkühlen in eine große Schüssel geben.

2. Die halbierten Kichererbsen abtropfen lassen und in einem großen Topf 20–30 Minuten weich kochen. Abgießen und zu einer Paste pürieren.

3. Die Kichererbsenpaste zusammen mit dem Kreuzkümmel, dem Koriander, den zerstoßenen roten Chilischoten, dem Salz, den Minzblättern, dem Mangopulver und dem Chaat Masala in die Schüssel mit dem Kartoffelpüree geben. Gut durchmischen, dann abschmecken und eventuell nachwürzen.

4. Die Eier in einer kleinen, flachen Schale verquirlen. Die Hände mit etwas Öl einfetten und aus der Kartoffel-Kichererbsen-Masse 4–6 Kugeln abstechen, die etwas größer sind als ein Golfball. Diese mit beiden Händen zu Bratlingen formen.

5. Jeden Bratling in das verquirlte Ei tauchen. Es sollte etwas Ei übrig bleiben, das nach dem Backen der Bratlinge gesondert gebraten wird.

6. Das Öl langsam erhitzen, die Bratlinge hineinlegen und 3–4 Minuten braten. Dann vorsichtig umdrehen und auf der anderen Seite ebenfalls 3–4 Minuten goldbraun braten. Die Bratlinge sollten dabei nicht zerbrechen.

7. In einer separaten Pfanne etwas Öl erhitzen und die Burgerbrötchen von beiden Seiten leicht anrösten. Anschließend das restliche Ei darin braten. Auf eine Brötchenhälfte einen Bratling geben und mit etwas gebratenem Ei, Tomatenscheiben, Zwiebelringen und einem kleinen Löffel Minz-Mango-Chutney belegen. Die zweite Brötchenhälfte auflegen und servieren.

Pfannkuchen aus Reis und Linsen

Diese warmen, herzhaften Pfannkuchen sind eine Variante der „Dosa", die aus einem fermentierten Teig aus gemahlenen Hülsenfrüchten und Reis hergestellt werden. In Südindien sind sie ein beliebtes Grundnahrungsmittel und werden als leichte Mahlzeit mit Chutney, Pickles oder Sambar-Soße genossen.

FÜR 6 PERSONEN

150 g Langkornreis
50 g rote Linsen
1 TL Salz
½ TL gemahlene Kurkuma
½ TL gemahlener schwarzer Pfeffer
2 EL frischer Koriander, gehackt
Öl zum Braten und Beträufeln

1. Den Langkornreis und die Linsen in einer großen Schüssel mit 250 ml warmem Wasser bedecken und mindestens 8 Stunden oder über Nacht einweichen lassen.

2. Das Wasser abgießen, auffangen und beiseitestellen. Den Reis und die Linsen in einer Küchenmaschine zu einem glatten Teig verarbeiten und das Einweichwasser wieder untermischen. In eine Schüssel umfüllen, mit Frischhaltefolie abdecken und an einem warmen Ort ca. 24 Stunden gären lassen.

3. Das Salz, die Kurkuma, den Pfeffer und den Koriander unterrühren. Eine schwere Bratpfanne auf mittlerer Stufe einige Minuten erhitzen, mit Öl ausstreichen und 2–3 Esslöffel Teig hineingeben.

4. Mit dem abgerundeten Boden eines Suppenlöffels den Teig verteilen, sodass ein Pfannkuchen mit einem Durchmesser von ca. 15 cm entsteht.

5. Den Pfannkuchen ca. 2 Minuten backen, bis er fest ist. Etwas Öl über den Pfannkuchen träufeln, wenden und ca. 1 Minute goldbraun backen.

6. Die restlichen Pfannkuchen backen. Währenddessen die bereits gebackenen Pfannkuchen im Backofen bei niedriger Temperatur warmhalten, indem man sie auf einem feuerfesten Teller über einer Schale mit siedendem Wasser platziert. Noch warm servieren.

TIPP

Geben Sie kurz vor dem Braten 4 Esslöffel Kokosraspel in den Teig.

Energie 153 kcal/641 kJ; Protein 4,1 g; Kohlenhydrate 25,1 g – davon Zucker 0,3 g; Fett 4,1g – davon gesättigt 0,5 g; Cholesterin 0 mg; Kalzium 21 mg; Ballaststoffe 0,9 g; Natrium 5 mg

Pudding mit Kardamom und Safran

Ein gutes Beispiel für die vielseitige Verwendbarkeit von Linsen ist dieser köstliche indische Pudding, bekannt als „Mung Dal Halva". Halbierte Mungobohnen (Mung Dal) werden in Milch und Zucker gekocht, bis die Mischung eine weiche, puddingähnliche Konsistenz erhält. Ein herrlich süßes und leckeres Dessert!

FÜR 4–6 PERSONEN

250 g halbierte Mungobohnen (Mung Dal)
115 g Ghee oder ungesalzene Butter
600 ml Vollmilch
115 g Zucker
eine große Prise Safranfäden, zerstoßen
150 ml Crème double
1 TL gemahlener Kardamom
2 EL geröstete, ungesalzene Pistazien, zerstoßen

1. Die halbierten Mungobohnen gründlich waschen und dann in einer Schüssel mit kaltem Wasser 2–3 Stunden einweichen. Gut abtropfen lassen und in einer Küchenmaschine zu einer feinen Paste verarbeiten.

2. In einer großen, antihaftbeschichteten Pfanne das Ghee oder die Butter bei niedriger Hitze schmelzen und die Mungobohnenpaste unterrühren. Dann 10–12 Minuten kochen, bis die Paste trocken und bröckelig ist. Die Milch, den Zucker und den Safran dazugeben und zum Sieden bringen. Dann die Hitze reduzieren und die Mischung durchschlagen, um eventuelle Klumpen aufzulösen.

3. Unter Rühren 10–12 Minuten weiterkochen, die Crème double hinzufügen und weitere 8–10 Minuten kochen, dabei regelmäßig umrühren. Den Kardamom dazugeben und so lange kochen, bis sich die Mischung vom Topf löst. Die Masse in eine gebutterte quadratische Form (25 x 25 cm) füllen.

4. Die Oberfläche glatt streichen, mit den Pistazien bestreuen und diese vorsichtig festdrücken. Den Pudding auskühlen lassen, in Quadrate schneiden und servieren.

Energie 586 kcal/2444 kJ; Protein 13 g; Kohlenhydrate 50 g – davon Zucker 26 g; Fett 39 g g – davon gesättigt 24 g; Cholesterin 102 mg; Kalzium 149 mg; Ballaststoffe 4,5 g; Natrium 76 mg

LINSEN MIT FLEISCH ODER FISCH

In Kombination mit Fleisch und Fisch sind Linsen eine äußerst ergiebige Proteinquelle. In diesem Kapitel finden Sie eine verlockende Auswahl an Gerichten mit Huhn, Lamm, Speck und Fisch.

Kasserolle mit Hähnchen, Linsen und Wurzelgemüse

Aromatisches Wurzelgemüse ist das ideale Wintergemüse. Wenn das Hähnchen, die grünen Linsen und die cremige Senfsoße langsam mit dem Gemüse im Schmortopf garen, entstehen unwiderstehliche und intensive Aromen.

FÜR 4 PERSONEN

2 EL Pflanzenöl
4 Hähnchenteile, insgesamt ca. 900 g
350 g Zwiebeln, gehackt
350 g Lauch, in Ringe geschnitten
225 g Karotten, grob gehackt
450 g Steckrüben, geschält und grob gehackt
115 g grüne Linsen
475 ml Gemüsebrühe
300 ml Apfelsaft
2 TL Maisstärke
3 EL Crème fraîche
2 TL körniger Senf
2 EL frischer Estragon, gehackt
schwarzer Pfeffer, frisch gemahlen
Salz
frische Estragonzweige

1. Das Öl in einer großen, feuerfesten Kasserolle erhitzen. Die Hähnchenteile gut mit Salz und Pfeffer würzen und im heißen Öl 10 Minuten goldbraun anbraten. Auf Küchenpapier abtropfen lassen.

2. Die gehackten Zwiebeln in die Kasserolle geben und 5 Minuten unter Rühren anbräunen. Den Lauch, die Karotten, die Steckrüben und die Linsen dazugeben und bei mittlerer Hitze unter Rühren 2 Minuten braten.

3. Die Hähnchenteile wieder in den Schmortopf geben, dann die Brühe, den Apfelsaft und Pfeffer und Salz hinzufügen. Zum Kochen bringen und dann abgedeckt bei reduzierter Hitze 50–60 Minuten garen.

4. In einer kleinen Schüssel die Maisstärke mit ca. 2 Esslöffeln Wasser zu einer glatten Paste verrühren und zusammen mit der Crème fraîche, dem Senf und dem gehackten Estragon in die Kasserolle geben.

5. Nach Belieben würzen und unter ständigem Rühren ca. 2 Minuten köcheln lassen, bis alles leicht eingedickt ist. Mit Estragonzweigen garnieren und in separaten Schalen servieren.

Energie 477 kcal/2010 kJ; Protein 46,8 g; Kohlenhydrate 45,7 g – davon Zucker 24,9 g; Fett 13,2 g – davon gesättigt 4,5 g; Cholesterin 118 mg; Kalzium 151 mg; Ballaststoffe 8,1 g; Natrium 141 mg

Gefüllter Truthahn mit Linsen

Bei diesem vorzüglichen italienischen Rezept wird gefüllter Truthahn mit geschmorten Linsen und anderen Hülsenfrüchten serviert. Das Rezept funktioniert ebensogut mit einem ganzen Hähnchen.

FÜR 8 PERSONEN

4,5 kg küchenfertiger Truthahn, mit Innereien
120 ml Olivenöl
½ Zwiebel, gehackt
115 g frische Semmelbrösel
2 Eier, geschlagen
3 EL Pecorino, frisch gerieben
2 EL Pinienkerne
2 EL Korinthen, 15 Minuten in warmem Wasser eingeweicht, dann abgetropft
2 EL frische Petersilie, gehackt
¼ TL Muskatnuss, frisch gerieben
2 Knoblauchzehen, zerdrückt
1 EL frische Rosmarinnadeln, fein gehackt
1 EL schwarze Pfefferkörner
3 frische Salbeiblätter, gehackt
5 EL trockener Weißwein
schwarzer Pfeffer, frisch gemahlen
Salz

Für die Linsen

1 Knoblauchzehe, leicht zerdrückt
1 EL Olivenöl
900 g Puy-Linsen und Cannellini-Bohnen oder andere Hülsenfrüchte (aus der Dose oder eingeweicht und gekocht)
schwarzer Pfeffer, frisch gemahlen
Salz

1. Den Backofen auf 180 °C vorheizen. Den Truthahn innen und außen waschen und mit Küchenpapier trocknen. Den Hals entsorgen. Die Innereien mit 1 Esslöffel Olivenöl und der gehackten Zwiebel in eine Pfanne geben.

2. Leicht anbraten, bis die Zwiebel und die Innereien zu bräunen beginnen, dann in einer Schüssel abkühlen lassen.

3. Die Semmelbrösel, die Eier, den Pecorino, die Pinienkerne, die Korinthen, die Petersilie und die Muskatnuss hinzufügen. Gründlich vermischen und mit Salz und Pfeffer würzen.

4. 1 Esslöffel Olivenöl unterrühren, den Truthahn mit der Mischung füllen und mit Küchengarn fest zunähen. Einen Bräter mit etwa der Hälfte des restlichen Öls einfetten.

5. Den Knoblauch, den Rosmarin und die Pfefferkörner in das restliche Öl einrühren und mit Salz würzen. Die Salbeiblätter und den Weißwein dazugeben und den Truthahn mit der Hälfte dieser Mischung bestreichen. Den Rest zum Bestreichen während des Garens aufheben.

6. Den Truthahn in dem Bräter unter häufigem Bestreichen 3 ½ Stunden braten, bis der Saft aus der dicksten Stelle der Keule beim Hineinstechen klar ausfließt und der Vogel knusprig und goldbraun ist.

7. In der Zwischenzeit die geschmorten Linsen zubereiten: Den Knoblauch mit etwas Olivenöl leicht anbraten, dann die Linsen und die Cannellini-Bohnen oder die anderen Hülsenfrüchte hinzufügen und 2–3 Minuten kochen. Mit Brühe oder Wasser aufgießen und köcheln lassen, bis sie weich sind. Mit Salz und Pfeffer abschmecken.

8. Den Truthahn in Scheiben schneiden und zusammen mit der gedünsteten Linsen- und Hülsenfruchtmischung servieren.

Energie 839 kcal/3513 kJ; Protein 119,4 g; Kohlenhydrate 14,7 g – davon Zucker 3,7 g; Fett 33,2 g – davon gesättigt 10,2 g; Cholesterin 469 mg; Kalzium 157 mg; Ballaststoffe 0,9 g; Natrium 529 mg

Hähnchen mit Linsen und Wurst

Die Kombination von Hähnchenbrüsten mit Wildbratwürsten verleiht diesem Linsengericht seine herzhafte Note, die durch den herrlich erdigen Geschmack der Puy-Linsen perfekt ergänzt wird.

1. Den Backofen auf 180 °C vorheizen. Die Linsen waschen, ca. 10 Minuten kochen, abgießen und dann beiseitestellen.

2. Ein Drittel der Butter mit dem Öl in einer großen ofenfesten Pfanne zerlassen, die Hähnchenbrüste mit der Hautseite nach unten hineinlegen und leicht anbraten.

3. Die Hähnchen umdrehen und leicht mit Salz und Pfeffer würzen. In einer ofenfesten Form im vorgeheizten Ofen 15 Minuten garen. Aus dem Ofen nehmen und warm halten.

4. Die große Pfanne wieder auf den Herd stellen und die Wildbratwürste darin anbraten. Die Puy-Linsen und den Knoblauch dazugeben und umrühren, um den Bratsaft der Hähnchen und der Würste zu verteilen. Mit der Brühe ablöschen und ein paar Minuten köcheln lassen. Die Hähnchen auf die Linsenmischung legen und für weitere 15 Minuten in den Ofen schieben.

5. Die Pfanne herausnehmen, die Hähnchen und die Würste beiseitestellen und den Knoblauch entsorgen. Die Linsen mit Salz und Pfeffer würzen. Falls die Mischung zu flüssig ist, bei niedriger Temperatur kochen, bis die überschüssige Feuchtigkeit verdampft. Dann vom Herd nehmen und nach und nach die restliche Butter einrühren.

6. Die Hähnchenbrüste in Scheiben schneiden und beiseitestellen. Die Würste in Stücke schneiden und unter die Linsenmischung rühren.

7. Die Linsen-Wurst-Mischung auf vorgewärmte Teller geben, die Hähnchenscheiben darauf verteilen und servieren.

FÜR 4 PERSONEN

450 g Puy-Linsen
6 EL Butter
1 EL Pflanzenöl
4 küchenfertige Hähnchenbrüste mit Haut
2 Wildbratwürste
1 Knoblauchzehe, geschält
250 ml Brühe
schwarzer Pfeffer, frisch gemahlen
Salz

Energie 1309 kcal/5495 kJ; Protein 152,1 g; Kohlenhydrate 59,4 g – davon Zucker 2,2 g; Fett 53 g – davon gesättigt 20,1 g; Cholesterin 55 mg; Kalzium 255 mg; Ballaststoffe 10,2 g; Natrium 761 mg

Lamm mit Linsen und Aprikosen

An kalten Winterabenden schmeckt dieses wärmende Eintopfgericht besonders gut. Die getrockneten Aprikosen sorgen für eine dezente Süße, die wunderbar zu Lamm und Linsen passt.

FÜR 4–6 PERSONEN

2 große Zwiebeln, geschält
2 große Karotten, geputzt
2–4 EL Öl
900 g Lammschulter, gewürfelt
½ TL gemahlener Zimt oder
2,5 cm Zimtstange
¼ TL gemahlene Kurkuma
¼ TL Chilipulver
225 g grüne Linsen
12 getrocknete Aprikosen
schwarzer Pfeffer, frisch gemahlen
Salz
frische Petersilie, gehackt

1. Den Backofen auf 180 °C vorheizen. Die Zwiebeln und die Karotten in große Stücke schneiden. Die Hälfte des Öls in einer feuerfesten Kasserolle erhitzen und das Gemüse darin anbraten, bis die Zwiebel zu bräunen beginnt. Das Gemüse auf einen Teller geben und beiseitestellen.

2. Das gewürfelte Lammfleisch bei mittlerer Hitze anbraten, dabei eventuell mehr Öl in die Kasserolle geben. Den gemahlenen Zimt oder die Zimtstange, die Kurkuma und das Chilipulver hinzufügen.

3. Die Linsen abspülen und mit dem Gemüse in die Kasserolle geben. 750 ml kochendes Wasser dazugießen und aufkochen lassen. Abdecken und im vorgeheizten Ofen 1 Stunde garen. Darauf achten, dass die Linsen nicht sämtliche Flüssigkeit aufsaugen, und bei Bedarf mehr Wasser angießen. So lange weitergaren, bis die Linsen weich sind.

4. Die Aprikosen dazugeben und so weit hineindrücken, dass sie mit Flüssigkeit bedeckt sind. Den Ofen ausschalten und die Aprikosen ca. 20 Minuten darin quellen lassen. Mit Salz und Pfeffer abschmecken und falls das Gericht zu trocken ist, noch etwas Wasser unterrühren. Mit gehackter Petersilie garniert sevieren.

Energie 441 kcal/1852 kJ; Protein 41,2 g; Kohlenhydrate 33,5 g – davon Zucker 14 g; Fett 16,7 g – davon gesättigt 5,7 g; Cholesterin 111 mg; Kalzium 84 mg; Ballaststoffe 8,4 g; Natrium 123 mg

Lammkarree mit Puy-Linsen

Jedes Lammkarree wird von einer Kräuterkruste gekrönt und mit Puy-Linsen serviert. In diesem Rezept werden Linsen aus der Dose verwendet, die nur erwärmt und nicht gegart werden müssen.

FÜR 4 PERSONEN

2 Lammkarrees mit je 6 Knochen
50 g frische Semmelbrösel
2 große Knoblauchzehen, zerdrückt
6 EL gemischte frische Kräuter, gehackt, plus ein paar Zweige zum Garnieren
50 g Butter, geschmolzen, oder 50 ml Olivenöl
schwarzer Pfeffer, frisch gemahlen
Salz
nach Belieben gekochte Frühkartoffeln

Für die Linsen

2 EL Olivenöl
1 rote Zwiebel, gehackt
400 g Puy-Linsen, aus der Dose, abgespült und abgetropft
400 g gehackte Tomaten, aus der Dose
2 EL frische glatte Petersilie, gehackt

Energie 639 kcal/2673 kJ; Protein 51,5 g; Kohlenhydrate 28,2 g – davon Zucker 1,9 g; Fett 36,4 g – davon gesättigt 16,7 g; Cholesterin 171 mg; Kalzium 89 mg; Ballaststoffe 4,9 g; Natrium 294 mg

1. Den Backofen auf 220 °C vorheizen. Das Lammfleisch von überschüssigem Fett befreien und mit Salz und Pfeffer würzen.

2. Die Semmelbrösel, den Knoblauch, die Kräuter und die Butter oder das Öl vermischen und die Masse fest auf die Oberseite der Lammkarrees drücken. In einem Bräter 25 Minuten im Backofen braten. Mit Folie abdecken und das Fleisch vor dem Tranchieren 5 Minuten ruhen lassen.

3. Das Öl in einer Pfanne erhitzen und die Zwiebel darin glasig dünsten. Die Linsen und die Tomaten hinzufügen und 5 Minuten kochen, bis alles heiß ist. Die Petersilie unterrühren und abschmecken.

4. Jedes Lammkarree halbieren und mit den Linsen und mit Kräuterzweigen garniert servieren. Dazu passen gekochte Frühkartoffeln.

Lammcurry mit Chana Dal

Der herrlich aromatische Geschmack dieses herzhaften indischen Gerichts aus Lammfleisch und halbierten Kichererbsen wird durch winterliche Gewürze wie Gewürznelken, schwarze Pfefferkörner und Zimt hervorgerufen. Servieren Sie es nach nordindischer Art mit heißem, frischem Naan-Brot.

1. Das Öl in einem Wok, einem indischen Karahi oder einer großen Pfanne erhitzen. Die Hitze etwas reduzieren, das Lorbeerblatt, die Nelken, die Pfefferkörner und die Zwiebel hinzufügen und alles ca. 5 Minuten braten, bis die Zwiebel goldbraun ist.

2. Das gewürfelte Lammfleisch, die Kurkuma, das Chilipulver, den Koriandersamen, die Zimtstange, den Knoblauch und einen Großteil des Salzes hinzufügen und ca. 5 Minuten bei mittlerer Hitze anbraten.

3. Dann 900 ml Wasser angießen und das Bratgefäß mit einem Deckel oder mit Folie abdecken, wobei die Folie nicht mit dem Essen in Berührung kommen darf. 35–40 Minuten köcheln lassen, bis das Lammfleisch zart ist.

4. Die halbierten Kichererbsen mit 600 ml Wasser und einer guten Prise Salz in einem großen Topf 45 Minuten kochen, bis das Wasser fast verdampft ist und die Kichererbsen zu Püree zerkocht sind. Falls die Masse zu dick ist, mehr Wasser hinzufügen.

5. Wenn das Lammfleisch zart ist, den Deckel oder die Folie entfernen und die Mischung unter Rühren braten, bis an den Seiten der Pfanne etwas Öl sichtbar wird.

6. Die gekochten halbierten Kichererbsen zu dem Lammfleisch geben und alles gut vermischen. Die Tomaten unterrühren, dann die Chiliringe und den Koriander hinzufügen und servieren.

FÜR 4 PERSONEN

4 EL Pflanzenöl
1 Lorbeerblatt
2 Gewürznelken
4 schwarze Pfefferkörner
1 Zwiebel, in Scheiben geschnitten
450 g magere Lammschulter, gewürfelt
¼ TL gemahlene Kurkuma
1 ½ TL Chilipulver
1 TL Koriandersamen, zerdrückt
2,5 cm Zimtstange
1 TL zerdrückter Knoblauch
1 ½ TL Salz
50 g halbierte Kichererbsen (Chana Dal)
2 Tomaten, geviertelt
2 frische grüne Chilis, entkernt und in dünne Ringe geschnitten
1 EL frischer Koriander, gehackt

Energie 331 kcal/1379 kJ; Protein 26,5 g; Kohlenhydrate 9,7 g – davon Zucker 1,9 g; Fett 20,6 g – davon gesättigt 5,6 g; Cholesterin 83 mg; Kalzium 40 mg; Ballaststoffe 1,8 g; Natrium 99 mg

Würzige Linsen-Lamm-Bratlinge

An malaysischen Straßenständen werden diese beliebten Bratlinge als „Shami Kebabs" angeboten. Dazu serviert man Reis und Sambal – oder man legt sie wie bei einem Burger zwischen Brotscheiben und gibt Tomatenketchup darüber.

FÜR 4 PERSONEN

150 g rote, braune, gelbe oder grüne Linsen
2 EL Pflanzenöl
2 Zwiebeln, fein gehackt
2 Knoblauchzehen, fein gehackt
1 frische grüne Chili, entkernt und fein gehackt
25 g frische Ingwerwurzel, fein gehackt
250 g mageres Lammhackfleisch
2 TL indisches Currypulver
1 TL gemahlene Kurkuma
4 Eier
Pflanzenöl, zum Ausbacken
schwarzer Pfeffer, frisch gemahlen
Salz
frische Korianderblätter
1 Zitrone, geviertelt

1. Die Linsen abspülen, in einem Topf mit reichlich Wasser langsam zum Kochen bringen und 20–40 Minuten köcheln lassen, bis sie weich sind, aber noch Biss haben. Gut abtropfen lassen.

2. Das Öl in einer großen Pfanne erhitzen und die Zwiebeln, den Knoblauch, den Chili und den Ingwer darin anbraten. Die Linsen und das Lammhackfleisch hinzufügen, ein paar Minuten mitbraten, dann das Currypulver und die Kurkuma hinzufügen. Mit Salz und Pfeffer würzen und die Mischung so lange kochen, bis die Feuchtigkeit verdampft ist. Um daraus Bratlinge zu formen, muss die Konsistenz trocken sein.

3. Die Linsen-Lamm-Mischung beiseitestellen, bis sie abgekühlt ist, dann 1 Ei verquirlen und untermischen. Die Handflächen mit Wasser anfeuchten und aus der Masse ungefähr aprikosengroße Bällchen formen. Jedes Bällchen etwas andrücken, sodass ein flacher Bratling entsteht.

4. Die restlichen Eier in einer Schüssel verquirlen. In einer schweren Pfanne genügend Öl erhitzen, um die Bratlinge darin auszubacken. Jeden Bratling in die verquirlten Eier tauchen und 3–4 Minuten auf jeder Seite goldbraun braten. Mit frischem Koriander garnieren und mit Zitronenspalten servieren.

TIPP

Servieren Sie die Bratlinge in einem Baguette, das der Länge nach halbiert und mit Salatblättern, frischem Koriander, Minze, Joghurt sowie scharfem Chutney oder Chilisoße belegt wird.

Energie 488 kcal/2033 kJ; Protein 28 g; Kohlenhydrate 25,7 g – davon Zucker 3,7 g; Fett 31,2 g – davon gesättigt 7,4 g; Cholesterin 238 mg; Kalzium 87 mg; Ballaststoffe 3,1 g; Natrium 140 mg

Kaninchen mit Puy-Linsen und Portwein

Dieses ländliche Gericht weckt Erinnerungen an die sonnenverwöhnten Landschaften Frankreichs: Beste Puy-Linsen und einige Löffel Portwein vereinen sich zu einem wunderbar warmen und reichen Geschmack. Dazu passen knusprige, mit Olivencreme bestrichene Baguettescheiben.

FÜR 4 PERSONEN

1 EL Weizenmehl
450 g Kaninchenfleisch ohne Knochen, gewürfelt
1 EL Olivenöl
2 Zwiebeln, in Scheiben geschnitten
1 Knoblauchzehe, zerdrückt
225 g Champignons, in Scheiben geschnitten
3 EL Portwein
400 ml Hühner- oder Gemüsebrühe
1 TL Rotweinessig
2 EL frische Petersilie, gehackt, plus einige Stiele zum Garnieren
1 EL Tomatenmark
175 g Puy-Linsen
12 Scheiben Baguette
2 EL Olivencreme
1 EL Butter
schwarzer Pfeffer, frisch gemahlen
Salz

1. Den Backofen auf 180 °C vorheizen. Das Mehl in eine Plastiktüte geben, mit Salz und Pfeffer würzen und die Kaninchenstücke hinzufügen. So lange schütteln, bis alle Stücke gleichmäßig ummantelt sind.

2. Das Öl in einer ofenfesten Kasserolle erhitzen und die Kaninchenstücke ca. 5 Minuten braten, bis sie rundum gebräunt sind.

3. Die Zwiebelscheiben, den Knoblauch und die Champignons unterrühren. Den Portwein, die Brühe, den Essig, die Petersilie und das Tomatenmark dazugeben, gut vermischen und alles zum Kochen bringen.

4. Die Kasserolle mit einem Deckel abdecken und im vorgeheizten Ofen 40 Minuten garen. In der Zwischenzeit einen Topf mit leicht gesalzenem Wasser zum Kochen bringen, die Linsen hineingeben und 35 Minuten weich kochen.

5. Die Baguettescheiben mit der Olivencreme bestreichen. Die Linsen abtropfen lassen, in die Kasserolle geben und die bestrichenen Brotscheiben darauflegen. Mit Butter beträufeln. Die Kasserolle wieder in den Ofen stellen und ohne Deckel 10 Minuten garen. Mit gehackter Petersilie garniert servieren.

Energie 715 kcal/3026 kJ; Protein 48,5 g; Kohlenhydrate 98,3 g – davon Zucker 9,1 g; Fett 15,7 g – davon gesättigt 5,3 g; Cholesterin 68 mg; Kalzium 242 mg; Ballaststoffe 11,8 g; Natrium 850 mg

Rindfleisch-Linsen-Bällchen mit Tomatensoße

Die Mischung aus braunen Linsen und Rinderhackfleisch bewirkt bei diesen mediterranen Fleischbällchen neben dem typischen Aroma eine kräftige Konsistenz und einen hohen Ballaststoffgehalt.

FÜR 8 PERSONEN

1 EL Olivenöl
2 Zwiebeln, fein gehackt
2 Stangen Sellerie, fein gehackt
2 große Karotten, fein gehackt
400 g mageres Rinderhackfleisch
200 g braune Linsen
400 g Eiertomaten, aus der Dose
2 EL Tomatenmark
2 Lorbeerblätter
300 ml Gemüsebrühe
175 ml Rotwein
2–3 EL Worcestershire-Soße
2 Eier
2 Handvoll frische Petersilie, gehackt
schwarzer Pfeffer, frisch gemahlen
Salz
nach Belieben Kartoffelpüree und grüner Salat

Für die Tomatensoße

4 Zwiebeln, fein gehackt
800 g gehackte Tomaten, aus der Dose
4 EL trockener Rotwein
3 frische Dillzweige, gehackt

1. Für die Tomatensoße die Zwiebeln, die Tomaten und den Rotwein zum Kochen bringen, die Hitze reduzieren, den Topf abdecken und 30 Minuten köcheln lassen. Die Mischung in einem Mixer oder einer Küchenmaschine pürieren, dann zurück in den Topf geben und beiseitestellen.

2. Für die Fleischbällchen das Öl in einer großen, schweren Pfanne erhitzen und die Zwiebeln, den Sellerie und die Karotten 5–10 Minuten weich dünsten. Das Rinderhackfleisch hinzufügen und bei starker Hitze unter häufigem Rühren braten, bis das Fleisch leicht gebräunt ist. Die Linsen, die Tomaten, das Tomatenmark, die Lorbeerblätter, die Gemüsebrühe und den Wein untermischen und zum Kochen bringen. Die Hitze reduzieren und 20–30 Minuten köcheln lassen, bis die Flüssigkeit aufgesogen ist. Die Lorbeerblätter entfernen und die Worcestershire-Soße unterrühren.

3. Die Pfanne vom Herd nehmen und die Eier und die Petersilie unterrühren. Mit Salz und Pfeffer würzen und abkühlen lassen. Den Ofen auf 180 °C vorheizen.

4. Die Masse mit angefeuchteten Händen zu Bällchen formen und in einer Auflaufform 25 Minuten im vorgeheizten Ofen backen.

5. Während die Fleischbällchen im Ofen sind, die Tomatensoße erneut erhitzen. Kurz vor dem Servieren den gehackten Dill unterrühren. Die Tomatensoße über die Fleischbällchen gießen und servieren. Dazu passen sehr gut Kartoffelpüree und grüner Salat.

Energie 338 kcal/1415 kJ; Protein 21,6 g; Kohlenhydrate 31,9 g – davon Zucker 16,3 g; Fett 12,5 g – davon gesättigt 4,3 g; Cholesterin 88 mg; Kalzium 116 mg; Ballaststoffe 9,4 g; Natrium 128 mg

Schweinefilet mit Spinat und Puy-Linsen

Mageres Schweinefilet, mit Spinatblättern ummantelt, auf einem Bett aus kleinen französischen Puy-Linsen gegart und mit Kokosnusscreme aromatisiert – saftiger und köstlicher kann ein Gaumenschmaus kaum sein!

FÜR 4 PERSONEN

500–675 g Schweinefilet
1 EL Sonnenblumenöl
1 EL Butter
8–12 große Spinatblätter
1 Zwiebel, gehackt
1 Knoblauchzehe, fein gehackt
2,5 cm frische Ingwerwurzel, fein gerieben
1 frische rote Chilischote, entkernt und fein gehackt (optional)
250 g Puy-Linsen
750 ml Hühner- oder Gemüsebrühe
200 ml Kokosnusscreme
schwarzer Pfeffer, frisch gemahlen
Salz

1. Das Schweinefilet der Breite nach in zwei gleich große Stücke schneiden und gut mit Pfeffer und Salz würzen. Das Sonnenblumenöl und die Butter in einer schweren Bratpfanne erhitzen und das Fleisch darin bei starker Hitze von allen Seiten anbraten. Das Fleisch mit einem Pfannenwender herausnehmen und beiseitestellen.

2. Den Backofen auf 190 °C vorheizen. Den Blattspinat in einen großen Topf mit kochendem Wasser geben und 1 Minute kochen, bis er beginnt, zusammenzufallen. Sofort in ein Sieb schütten, unter fließendem, kaltem Wasser abschrecken und gut abtropfen lassen.

3. Die Spinatblätter auf der Arbeitsfläche überlappend auslegen, sodass sie ein Rechteck bilden. Das Schweinefilet darauflegen und mit den Spinatblättern aufrollen.

4. Die Zwiebel in der Pfanne, in der das Fleisch gebraten wurde, unter gelegentlichem Rühren ca. 5 Minuten braten. Den gehackten Knoblauch, den geriebenen Ingwer und die fein gehackte Chilischote (optional) hinzufügen und 1 Minute weiterbraten.

5. Die Linsen dazugeben, die Hühner- oder Gemüsebrühe einrühren, zum Kochen bringen und dann 10 Minuten kräftig kochen lassen.

6. Die Pfanne vom Herd nehmen und die Kokosnusscreme untermischen. Die Mischung in eine ofenfeste Kasserolle geben und die Schweinefilets darauf verteilen. Die Kasserolle abdecken und 45 Minuten im vorgeheizten Ofen garen, bis das Fleisch und die Linsen gar sind.

7. Zum Servieren die mit Spinat umwickelten Schweinefilets mit einem Schaumlöffel aus der Kasserolle heben und in dicke Scheiben schneiden. Die Linsen umrühren, zusammen mit etwas Kochsud auf vorgewärmte Teller geben und mit Schweinefiletscheiben belegen.

TIPP

Falls Sie kein Schweinefleisch mögen, können Sie stattdessen auch 4 große Hähnchen- oder Entenbruststücke verwenden. Prüfen Sie den Garzustand des Fleisches nach ca. 30 Minuten und schneiden Sie die Bruststücke zum Servieren in diagonale Scheiben.

Energie 410 kcal/1729 kJ; Protein 42,7 g; Kohlenhydrate 34,4 g – davon Zucker 4,3 g; Fett 12,3 g – davon gesättigt 4,3 g; Cholesterin 87 mg; Kalzium 93 mg; Ballaststoffe 6 g; Natrium 191 mg

Bauchspeck mit Linsen und Kartoffeln

Ein einfaches, rustikales italienisches Gericht, voller Geschmack und gesunder Inhaltsstoffe: Durch die Zugabe von Olivenöl wird die Kombination aus Linsen und Gemüse gehaltvoll und der Speck sorgt zusätzlich für eine herzhafte Note.

FÜR 4 PERSONEN

150 g braune oder grüne Linsen
5 EL Olivenöl
1 Stange Sellerie, grob gehackt
1 große Karotte, gehackt
1 große Zwiebel, gehackt
2 Knoblauchzehen, gehackt
3 Scheiben Bauchspeck oder durchwachsener Speck, gewürfelt
1 Zweig frischer Rosmarin (ca. 10 cm)
4 oder 5 mittelgroße Kartoffeln, gewurfelt
250 ml Hühner- oder Fleischbrühe
schwarzer Pfeffer, frisch gemahlen
Salz
nach Belieben Tomatensalat

1. Die Linsen abspülen und in einem Topf mit reichlich Wasser 5 Minuten kochen. Abgießen und erneut abspülen. Die Linsen zurück in den Topf geben, mit kaltem Wasser bedecken und 15 Minuten köcheln lassen, dann beiseitestellen.

2. Das Öl in einer großen Pfanne erhitzen und den Sellerie, die Karotten, die Zwiebel, den Knoblauch, den Speck und den Rosmarin darin langsam braten, bis der Speck auszulaufen beginnt.

3. Die Linsen zusammen mit der Kochflüssigkeit dazugeben, gut unterrühren und mit Salz und Pfeffer würzen. Zugedeckt 30 Minuten langsam köcheln lassen, dabei häufig umrühren.

4. Die Kartoffelwürfel und die Brühe hinzufügen und zugedeckt so lange kochen, bis die Kartoffeln weich sind. Nach Belieben nachwürzen und sofort servieren. Dazu passt Tomatensalat.

TIPP
Servieren Sie dieses Gericht als Beilage zu Wild oder Huhn oder genießen Sie es mit knusprigem Brot und einem guten Rotwein. Es schmeckt auch sehr gut kalt mit Salat, Käse und Brot.

Energie 405 kcal/1705 kJ; Protein 13,3 g; Kohlenhydrate 57,3 g – davon Zucker 5,7 g; Fett 15,2 g – davon gesättigt 2,3 g; Cholesterin 0 mg; Kalzium 52 mg; Ballaststoffe 6,3 g; Natrium 39 mg

Pilaw mit Speck, Linsen und Bulgur

Eigentlich ist Pilaw ein Reisgericht – doch diese Variante mit Linsen und Bulgur ist eine köstliche Alternative, der die Hülsenfrüchte und das Getreide einen nussigen Geschmack und Konsistenz verleihen.

FÜR 4 PERSONEN

115 g grüne Linsen
115 g Bulgur
1 TL gemahlener Koriander
1 TL gemahlener Zimt
2 TL Olivenöl
225 g Bauchspeck ohne Schwarte, klein geschnitten
1 rote Zwiebel, gehackt
1 Knoblauchzehe, zerdrückt
1 TL Kreuzkümmelsamen
2 EL frische Petersilie, grob gehackt
schwarzer Pfeffer, frisch gemahlen
Salz

1. Die Linsen und den Bulgur in separaten Schüsseln 1 Stunde in kaltem Wasser einweichen. Beides abgießen, dann den Bulgur beiseitestellen. Die Linsen mit dem Koriander und dem Zimt in einem Topf mit 475 ml Wasser zum Kochen bringen und so lange köcheln lassen, bis die Linsen weich sind und die Flüssigkeit aufgesogen wurde.

2. In der Zwischenzeit das Öl in einer antihaftbeschichteten Pfanne erhitzen und den Speck darin langsam knusprig ausbraten. Herausnehmen und auf Küchenpapier abtropfen lassen. Die Zwiebel und den Knoblauch in dem in der Pfanne verbliebenen Fett 10 Minuten goldbraun braten. Die Kreuzkümmelsamen einrühren, 1 Minute weiterbraten und den Speck wieder in die Pfanne geben.

3. Den Bulgur mit den gekochten Linsen vermischen und in die Pfanne geben. Mit Salz und Pfeffer würzen und kurz erhitzen. Die gehackte Petersilie unterrühren und servieren.

TIPP

Wenn Sie einen pikanteren Geschmack bevorzugen, können Sie anstelle von grünen Linsen auch Puy-Linsen verwenden.

Energie 300 kcal/1257 kJ; Protein 18,3 g; Kohlenhydrate 32,4 g – davon Zucker 1,8 g; Fett 11,6 g – davon gesättigt 3,8 g; Cholesterin 30 mg; Kalzium 49 mg; Ballaststoffe 2,2 g; Natrium 881 mg

Schellfisch mit würzigen Puy-Linsen

Das delikate Aroma der Puy-Linsen harmoniert hervorragend mit festem, weißem Fisch wie dem Schellfisch. Rote Chili und gemahlener Kreuzkümmel sorgen für einen Hauch Schärfe und Würze.

FÜR 4 PERSONEN

175 g Puy-Linsen
600 ml Gemüsebrühe
2 EL Olivenöl
1 Zwiebel, fein gehackt
2 Stangen Sellerie, fein gehackt
1 frische rote Chili, entkernt und fein gehackt
½ TL gemahlener Kreuzkümmel
4 Schellfischfilets oder -steaks à 150 g
2 TL Zitronensaft
2 EL weiche Butter
1 TL Zitronenschale, unbehandelt und fein gerieben
schwarzer Pfeffer, frisch gemahlen
Salz
Zitronenspalten

Energie 354 kcal/1492 kJ; Protein 39,4 g; Kohlenhydrate 22,7 g – davon Zucker 1,6 g; Fett 12,4 g – davon gesättigt 4,3 g; Cholesterin 67 mg; Kalzium 63 mg; Ballaststoffe 4,3 g; Natrium 153 mg

1. Die Linsen in einem Sieb unter fließendem, kaltem Wasser abspülen, abtropfen lassen und in einen Topf geben. Die Brühe hinzufügen, zum Kochen bringen und die Hitze reduzieren. Dann 30 Minuten köcheln lassen, bis die Linsen fast gar sind.

2. In der Zwischenzeit den Backofen auf 180 °C vorheizen. Das Öl in einer Pfanne erhitzen und die Zwiebel darin 8 Minuten sanft braten. Den Sellerie, die Chili und den Kreuzkümmel unterrühren und weitere 5 Minuten braten, bis sie weich, aber nicht gebräunt sind.

3. Die Linsen und mit dem Kochsud in eine ofenfeste Form füllen und die Zwiebelmischung einrühren. Die Schellfischstücke waschen und mit Küchenpapier trocken tupfen. Mit dem Zitronensaft beträufeln und auf die Linsen legen.

4. In einer sauberen Schüssel die Butter mit der Zitronenschale, Salz und reichlich Pfeffer vermengen und die Zitronenbutter auf dem Fisch verteilen. Zugedeckt ca. 30 Minuten im Ofen garen, bis der Fisch leicht zerfällt, die Linsen zart sind und der Großteil der Brühe aufgesogen wurde. Mit Zitronenspalten garnieren und sofort servieren.

Gegrillte Makrele mit würzigem Dal

Die fetthaltige Makrele wird noch nahrhafter, wenn sie von einem Linsen-Dal mit Tamarindenaroma begleitet wird. Zu dem gegrillten Fisch passen die cremigen Linsen ganz vorzüglich. Servieren Sie dazu Fladenbrot und frische, gehackte Tomaten.

1. Die Linsen abspülen, abtropfen lassen und in einem Topf mit 1 Liter Wasser zum Kochen bringen. Die Hitze reduzieren und mit locker aufgelegtem Deckel unter gelegentlichem Umrühren 30–40 Minuten köcheln lassen, bis die Linsen zerfallen sind.

2. Das Öl in einem Wok oder einer Pfanne erhitzen. Die Senfkörner hinzugeben und zugedeckt ein paar Sekunden braten, bis sie aufplatzen. Den Deckel abnehmen, die restlichen Gewürzkörner sowie die Kurkuma und die Chilis dazugeben und noch ein paar Sekunden weiterbraten.

3. Die Linsen und die Tamarindenpaste hineinrühren, gut vermischen und zum Kochen bringen. Dann 10 Minuten köcheln lassen, bis ein sämiges Dal entsteht, und den Koriander untermischen.

4. Die Makrelen säubern. Jeden Fisch auf beiden Seiten sechsmal diagonal einschneiden und den Kopf entfernen. Die Makrelen mit Pfeffer würzen und in einer heißen Grillpfanne oder auf dem Grill pro Seite 5–7 Minuten grillen. Mit Chiliringen und gehacktem Koriander garnieren und zusammen mit dem Dal, Fladenbrot und Tomaten servieren.

FÜR 4 PERSONEN

250 g rote Linsen
2 EL Sonnenblumenöl
je ½ TL Senfkörner, Kreuzkümmel-, Fenchel- und Bockshornkleesamen oder Kardamomkapseln
1 TL gemahlene Kurkuma
3–4 getrocknete rote Chilischoten, zerbröckelt
2 EL Tamarindenpaste
2 EL frischer Koriander, gehackt
4 frische Makrelen
schwarzer Pfeffer, frisch gemahlen
frische rote Chili, in Ringe geschnitten
frischer Koriander, fein gehackt
nach Belieben Fladenbrot und Tomaten

Energie 637 kcal/2665 kJ; Protein 48,3 g; Kohlenhydrate 36,2 g – davon Zucker 2,6 g; Fett 34,1 g – davon gesättigt 6,6 g; Cholesterin 93 mg; Kalzium 52 mg; Ballaststoffe 3,1 g; Natrium 124 mg

Würzige Garnelen mit Masoor Dal

Rote Linsen werden in Indien „Masoor Dal“ genannt. Sie verleihen diesem würzigen Gericht nicht nur die leuchtende Farbe, sondern auch die cremige Konsistenz, da sie beim Kochen zu einem weichen Brei zerfallen. Dazu können Sie zum Beispiel Pfannkuchen aus Kichererbsenmehl servieren.

FÜR 4 PERSONEN

150 g rote Linsen
2 EL Pflanzenöl
1 große Zwiebel, fein gehackt
3 Knoblauchzehen, gehackt
2,5 cm frische Ingwerwurzel, fein gehackt
2 TL Kreuzkümmelsamen
2 TL gemahlener Koriander
1 TL scharfes Chilipulver
1 TL gemahlene Kurkuma
7 Curryblätter
1 Karotte, gehackt
6 feine grüne Bohnen, gedrittelt
850 ml Gemüsebrühe
schwarzer Pfeffer, frisch gemahlen
Salz

Für die Garnelen

1 TL gemahlener Kreuzkümmel
1 TL gemahlener Koriander
1 TL scharfes Chilipulver
2 EL Erdnussöl
20 rohe Riesengarnelen mit Schwanz, geschält und entdarmt
frischer Koriander, gehackt

Energie 298 kcal/1250 kJ; Protein 19,3 g; Kohlenhydrate 28,6 g – davon Zucker 5,4 g; Fett 12,7 g – davon gesättigt 1,5 g; Cholesterin 98 mg; Kalzium 120 mg; Ballaststoffe 4,7 g; Natrium 143 mg

1. Für die Garnelen den Kreuzkümmel, den Koriander, das Chilipulver und das Erdnussöl in einer Schüssel vermischen. Die Garnelen waschen, mit Küchenpapier trocken tupfen und in die Gewürzmischung legen. Mit Salz würzen und die Garnelen so lange wenden, bis sie von der Gewürzmischung umhüllt sind.

2. Für das Masoor Dal die Linsen waschen und abtropfen lassen. In einer großen, schweren Pfanne das Öl erhitzen und die Zwiebeln 8 Minuten darin weich braten. Den Knoblauch, den Ingwer und die Gewürze hinzufügen und 1 Minute mitbraten. Die Curryblätter, die Karotte, die Bohnen und die Linsen untermischen, unter Rühren 1 Minute braten und mit der Brühe aufgießen. Zum Kochen bringen, dann die Hitze reduzieren und zugedeckt 20–25 Minuten köcheln lassen, bis die Linsen weich sind, dabei ab und zu umrühren. Nach Belieben mit Pfeffer und Salz würzen.

3. Einen großen Wok erhitzen. Die marinierten Garnelen hineingeben und einige Minuten unter Rühren braten, bis sie rosa und eben gar sind. Das Dal auf vier Schüsseln verteilen, die Garnelen darauflegen und mit frischem Koriander garnieren.

Register

Bildnachweis:
Shutterstock: Anna Poguliaeva 5–128;
Pixel-Shot 4–5; Veliavik 2–3

Erstveröffentlichung unter dem Titel:
„Lentil Cookbook"

Genehmigte Lizenzausgabe
tosa GmbH
Industriestraße 19
64407 Fränkisch-Crumbach 2022
www.tosa-verlag.de

Übersetzung: Gabriele Kellermann-Hjort
Design: Nigel Partridge

Layout, Satz- und Umschlaggestaltung:
design cat GmbH

ISBN 978-3-86313-837-0

Druck und Bindung in der EU
POLYGRAF PRINT spol. s r. o.
Čapajevova 44
08001 Prešov, Slowakei
www.polygrafprint.sk